八卦歷史

——超時空人物訪談

韓廷一◇著

願以此書
與孩子們共勉

他們的童年，使我倆
充滿歡樂與回憶；
他們的努力，讓我倆
樂觀成果與光榮！

德彥
桃園榮民醫院
精神科臨床心理師

德生
台大醫院
復健部住院醫師

德威
台北護理學院
旅遊健康研究所（在學）

德怡
台中師範學院
幼教系（在學）

目錄

二、政治編

三、詩人編

序(一) 為歷史人物塑像的高手

*藍 雲

歷史是人類生活的記錄，所記者，無非是人與事。而人更是所有歷史的中心，也可說是歷史的締造者。任何歷史，如果將有關人的部分抽離，便會失去意義。實在說來，所謂歷史，就是人的故事。不過，這種史實性的故事與小說中的故事，並非同一血緣，前者應屬真人真事的記載（也可能人名百分百的真，而事則不盡然），後者大都爲作者所虛構（即便是那些歷史小說或寫實小說，其情節也是出於作者想像的多）。這也許就是《三國志》之列爲正史，而《三國演義》卻視爲小說的理由吧！

歷史與小說，固然不同，而同一個歷史故事或歷史人物，由不同的人來表述，給人的感受也可能迥然有別。一般史書或傳記，大都平鋪直敍，往往令人覺得枯燥乏味。如果是從事學術研究的學者，當然要埋頭鑽研，但是一般讀者卻可能敬而遠之，沒有興趣涉獵了。如何將那些「俱往矣」

的歷史人物，使其「活靈活現」地浮現於讀者眼前，非得一支匠心獨運的生花妙筆不可。

我很高興，也感到非常榮幸，在三十年前就認識了韓廷一教授（那時他還在讀研究所吧）。雖然我們交往並不密切，別後也沒有聯繫，但是畢竟有緣，而且是緣起不滅。一天，我去逛書店，在一本雜誌上，讀到他寫的訪問古人的文章，亦莊亦諧，趣味盎然，不禁頓興停雲之思。說來也真巧，不久，我們竟在街頭不期而遇。話過別情，當即約好第二天，我把草創伊始的《乾坤》詩刊，拿去獻醜，請他指教。並希望他能捧場，爲《乾坤》寫稿。也許是出於對老朋友的一片錯愛之情，他看了竟大表讚揚，而且允諾將有關古代詩人訪談的文章，交予《乾坤》轉載。後來更放棄了在某大刊物首發的稿費，專爲没有稿酬的《乾坤》撰稿。不僅如此，還蒙他慷慨解囊，予以大力支持，成爲《乾坤》的榮譽贊助人。這種古道熱腸的情義，委實令人感動，也讓我衷心感激不已。

這本書中有關詩人部分的作品，都曾在《乾坤》發表過，許多人讀後，咸表讚賞。可說是最受歡迎，叫好又叫座的一個專欄。有讀者表示：韓教授的文章實在夠味，他就是爲了讀韓教授的文章而訂閱《乾坤》的。還有讀者希望韓教授能繼續以這種生動、獨到的手法，多寫一些古代詩人或文學家的故事，以後結集出書，將成爲別具一格的另類文學史或文學家傳記。實則，韓教授前此已把在某雜誌所發表的這類文章，結集出版了兩冊。一爲《挑戰歷史》，一爲《顛覆歷史》，都冠有副標題「超時空人物訪談」。其內容不限於文學家，而涵蓋了歷史上的許多先聖先賢，以及帝王豪傑。這冊《八卦歷史》仍一本他慣有的風格，以其亦莊亦諧的筆調，將那些歷史人物，作「另類的逆向思考」（見《挑戰歷史》自序），而顯示他別具隻眼的獨特看法。尤其他善用借古諷今的手法，對當今社會、政壇上的一些不良現象，加以針砭。其入木三分之處，簡直令人拍案叫絕，堪稱爲歷史人物塑像的高手。

韓教授雖然是政治學博士，但他對歷史的研究，在文學方面的造詣，絕不亞於那些專業的歷史學家與文學家，而且他還是一位卓越的教育家。從小學、中學到大學，接受他教誨的學生，可能早已超過孔門三千。更難得的是他教導子女有方，一門數傑，備受鄰里推崇，因而榮獲當選爲模範父親，受到政府表揚。韓教授之成就多矣，豈止是他在著述立說方面的特出表現，實在令人不勝景仰。

八卦歷史　4

*本文作者，現代詩人。為《葡萄園》詩刊創辦人之一，《乾坤》詩刊發行人。著有《奇蹟》、《海韻》、《方塊舞》、《燈語》等詩集。

他的詩，嘗愛出之以四段四行、押韻。能吸收傳統詩的精華，賦以新詩活潑的精神，名之為「四四體」。景從風行之餘，說不定將成為唐詩、宋詞、元曲以外的又一體。

序㈡ 做個還原歷史的人

*韓廷勳

從小我最喜歡的兒歌是「哥哥、爸爸真偉大……」，也唱的最溜——真情畢露。的確，我除了有一個抗日、剿匪英雄及無所不懂的活字典偉大的爸爸外，就屬我大哥了。他真的不負老爸給他取名的期望「要第一」。記得小學時，他老是班上第一名，初中是省中名校，一路走來都是國立的，連高考及格都是第一，你說氣人不氣人；那像排行老二的我，總是拖泥帶水，不是倒數第二，就是吊車尾。初中畢業公立高中沒考上，私立學校的學雜費又繳不起，祇好「學而劣則工」。人家說：一入底層社會就像進地獄一樣：萬劫不復，永不超生。而我幸好有一個好榜樣的哥哥，他像是一盞明燈，也是我最貼切的標竿。在他的光環下，深覺同一血緣又同一環境下，爲什麼差異那麼大？這種無形的刺激和壓力，使我不得不狠下心，在床頭、褲袋都裝滿了書，吃飯、睡覺都手不釋卷。終於半工半讀的

＊本序作者與其大哥

考上夜校，繼續完成高中、大學學業。迄今「活到老學到老」，仍在研究所唸書，不敢有所懈怠。

老蔣說：「時代考驗青年，青年創造時代」，事實上所謂時代亦即歷史，自古至今，從黃帝、堯、舜、……至秦始皇、項羽、毛澤東、李登輝……都是創造歷史或者說是改寫歷史的人。我大哥既無錢又無勢，也沒擁有爲他賣命的「盲從之徒」。空有鴻鵠大志，無所發揮，祇好用筆來創作「八卦歷史」改寫「真正」的歷史。

這本《八卦歷史》，名爲「八卦」，實則「撥亂反正」。由於大哥的正義感、求真、求善、求美，認爲歷史人物雖說都已「蓋棺論定」，事實上，真相與史實仍有許多出入與差距：東漢曹操、南宋岳飛，是忠臣？是奸臣？未必是也！乃因當時政治社會環境種種現實情形有所保留，令人懷疑，我大哥遂有「鴻志」，要給他們一個歷史交代，因而上窮碧落下黃泉，蒐集所有史料，甚至稗官野史點滴不漏，分析判斷，洞察秋毫，以求事實回歸到原點；譬如書裡說汪精衞，在蔣介石認爲「既生瑜，何生亮」，縱使學富五車、才高八斗的堂堂八尺美男子，也要把他抹黑成大漢奸，成爲出賣國家苟且偷安的小人物，但我們從另一個角度看：汪先生衡諸當時國內外局勢，分析國力，實不堪一擊，不只亡國，甚而滅種之虞。因此爲了中華命脈的千秋萬世，抱著「我不入地獄，誰入地獄」的胸懷，忍辱負重屈服於日本之下，應允成立臨時附庸政府，以求全於大我；不幸一般粗俗的人，無法瞭解其用心，得以盲從附和，遂誣其爲大漢奸。再說孫立人將軍，當時也是因爲美國人看上孫大將軍維吉尼亞軍校的出身，又具文學科技素養，典型文武兼備的人才，這是他們認同的對象，因而有意扶植他成爲接班人，孰知威脅到蔣家政權的穩固，遂而藉口其有意兵變，予以去權軟禁。我大哥天性「路見不平，挺身而出」「打破砂鍋問到底」，追啊追到天堂，闖啊闖進地獄！像

狗仔隊似的緊迫盯人，非訪個水落石出不可，他以亦莊亦諧的筆調，把事實的真相，把他們的委屈，甚至於許多爲人不知的內幕，公諸於世，以享讀者，此不啻「太史公」再世，作爲老弟的我備感榮耀。

從「挑戰歷史」到「顛覆歷史」，進而衷心期待大哥爲自個兒寫「一頁歷史」，故樂而爲他的第三本「八卦歷史」寫序。

＊本文作者，任公職近四十年，仍在學習中，接受年輕教授的「研討與究詰」。身為老哥的我，實在有陷害「伯仁」之嫌，不忍之心，油然而生。

先賢篇

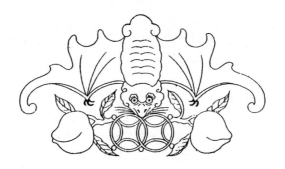

全數雞蛋不可放在一個籮筐裡

～管仲訪問記～

齊桓公、晉文公、秦穆公、宋襄公和楚莊王，乃春秋五霸。何謂霸？「霸」乃諸侯領袖。做為一個諸侯領袖，除了廣土、眾民、足食、強兵……以畏服諸侯之外，進一步對外能攘除夷狄，對內更要尊崇天子，排解紛爭，即所謂的「尊王攘夷」號召。

這五霸之中，齊桓公才是「真霸」。他以堂堂之陣，正正之旗，三次兵車之會，六次乘車之令，造成了「九合諸侯一匡天下」大業，其用兵之數不過論百成千而已，連孔子都讚他：「齊桓公正而不譎」；晉文公則是「鴨霸」，他伐衛、救宋、敗楚、敗秦，多行詭計，每戰常以萬人或數萬人計；至於宋襄公則是個「假霸」，他執滕君殺鄫子，圍曹伐鄭，志大才疏，滿口仁道的與齊、楚會盟於盂，儼然一付霸主狀，卻為楚成王所擒，成了階下囚，自取禍敗；至於秦穆公是「外霸」——霸西戎；楚莊王則是「內霸」——一心內向，問鼎中原。

這正如西元一九四五年，日本無條件投降後所造成的「聯軍五強」一樣：美國是「真強」，美軍、美援外加美軍「砲兵步隊」無遠弗屆，打遍歐亞非洲；英國是「外強」，殖民地紛紛獨立、百業蕭條，大英帝國已成百足之蟲，死而不殭；蘇聯則是「內強」，接收美、日大量戰略物質，又從中國、東歐取得大片土地與資源；法國是「假強」，國土慘遭德國蹂躪，早先已與德國談和投降，剩下一個「自由法蘭西」流亡政府，苟延殘喘；中華民國則是「勉強」，經十四年的對日抗戰（從九一八算起），最後賠了夫人又折兵（丟外蒙、琉球，失朝鮮、越南……）日落星升，神州變色，由「青天白日」換成「滿地紅」。諷刺的是，居然還是聯合國憲章的首席簽署人，高踞五大常任理事國之一——面子十足，裡子盡失。

齊桓公一生好女色、好田獵、殺兄奪位、狎易牙、豎刁、開方等佞臣，然不礙其成為霸主之業——這全是管仲之功。

今天讓本刊記者一訪管夷吾，一探成霸失霸究竟。

生我者父母，知我者鮑叔

記：仲父先生，您好！謝謝您接受本刊記者的訪問。
管：這話要從那兒談起呢？
記：讓我們來一次尋「根」之旅吧！就從您小時候說起吧！
管：我姓管名夷吾，潁上人也（今安徽省潁上縣）。
記：世人爲什麼稱您爲仲父。
管：「敬仲」是我的字。當齊桓公第一次聽到我爲他做「政治簡報」分析國情時，十分贊賞，立刻拜我爲相，給我「仲父」的尊號，下令全國不許犯「夷吾」之名，不問貴賤，一律稱我爲「仲父」。
記：這可是歷史上最高的榮耀，應該是空前絕後的尊號。
管：空前屬實，絕後則未必！
記：後來有個秦王政尊呂不韋爲「相國」，號稱「仲父」；不過人家是如假包換的「父」親啊！
管：我雖貴爲齊國專相，講起小時候還真有點丟人呢！
記：怎麼說？

管：小時候混過不良少年，曾經有過盜狗偷雞的不良紀錄，也曾幫人養牛牧馬。

記：英雄不怕出身低嘛！

管：我曾經和我「換帖兼死忠」的鮑叔合夥做生意，賺錢的時候，我獨吞。

記：您這麼貪心！

管：可是鮑叔不以我為貪，知道我家窮。

記：他這麼寬宏大量？要是換了個人的話，可能要三刀六眼火拚一番。

管：我曾三次服公職，三次被fire。

記：您竟然這麼「遜」。

管：但鮑叔不認為我遜，只認時運不濟而已。

記：聽說您當兵時，還開溜？

管：我三次上戰場，三次逃亡。

記：陣前逃亡，可是要槍斃的啊！

管：鮑叔知道我家有老母，貪生保命，以奉老母。我曾經替鮑叔辦事，越弄越糟……。

記：他也不怪您？

管：只推説運氣不佳。

記：這種只問付出，不問回收的友情，到如今即使打著燈籠，也找不到了。

管：所以我常説：「生我者父母，知我者鮑子也。」後人只知讚賞我的成就，但真正造成這個成就的卻是鮑叔。

投軍、經商不順，去而從政

記：您和鮑叔怎麼認識的？又如何成爲知交？

管：我和他是大學同班同學。

記：您們一起上課，一起遊樂，一起泡馬子，考試時也「互通有無」？

管：那當然是免不了的。

記：畢業後呢？

管：服兵役我開小差！

記：然後呢？

管：合夥做股票、做期貨、拉保險、賣靈骨塔，賺了錢我獨吞，賠了我不認帳！

記：結果呢？

管：只好改行從政。

記：爲什麼？

管：從政一本萬利，而且黨、政、產、官、學卦鉤，子孫百代，千秋萬世，享用不竭。進可攻，退可守。

記：春秋時代，列國之數達一百三十四個，您們看中那一個國家。

管：齊國。

記：爲什麼？

管：齊國地當山東半島北部，依山帶水，富有漁鹽之利，東部膠東半島，地廣人衆，但是三百年來內亂不斷，政治始終未上軌道。

記：周封太公尚父呂望於營丘（今山東臨淄），是爲齊。爲什麼看中這個國家。

管：時當周莊王十年（公元前六八五年）齊襄公諸兒淫亂無道，濫殺無辜，國家岌岌可危，基於「危機即是轉機」，我們師兄弟兩人，決定介入押寶，從事政治投資。

記：當時齊國黨政流派形式爲何？

管：齊襄公被推翻是遲早的事，但是他的兩個庶弟：長曰糾，魯女所生，次日小白，莒女所生。裡通外合，各樹黨朋。

記：換句話說異日嗣立爲王的，不是糾就是小白。你們兩人當然按順位押給長公子糾。

管：您錯了！兩人都去輔佐公子糾的話，萬一將來公子小白繼承王位的話，那豈不全泡湯了；進一步說，萬一兩人同時押對一位公子，到時候我兩人又免不了纏鬥不息。

記：中國人嘛！內鬥內行，外鬥外行，所以您們兩人一人押一邊，到時候萬無一失。

管：這叫做「全數雞蛋不可放在一個簍筐內」定律。

記：於是您與召忽二人輔佐公子糾。

管：鮑叔則輔佐小白，出亡到南方的莒國。

記：這時您和公子糾也不得不出亡。

管：我和召忽保駕公子糾，逃到西南方外婆魯國去了。

記：後來呢？

管：公孫無知身爲舅父竟然搶奪外甥的王位，弒襄公自立，違反中國「父死子繼，兄終弟及」的倫理傳統。才一個月公孫無知又被齊國人所殺。

記：按兄終弟及，應該是長公子糾繼襄公爲王。

管：於是齊人準備到魯國迎公子糾爲君；魯莊公亦親率兵車三百乘護送公子糾入齊。

記：那二公子小白在莒國難道無動於衷？

管：那邊莒國也派兵車百輛，送小白還齊。

二公子爭位，各為其主

記：二位公子搶著回國爭王位，誰先到誰就繼承大位。

管：莒地比魯地近，論速度應該小白會先到齊，我一看情況不對，立刻向魯侯借得三十輛兵車，快馬兼程前去阻止小白。

記：您追及小白了？

管：我見小白端坐車中，上前鞠躬說：「公子別來無恙，今將何往？」小白回說要回國奔喪。我告訴小白，公子糾身爲長子，理應主喪，您是二公子不必這麼匆忙。

記：鮑叔怎麼說？

管：鮑叔說：「仲且退，各爲其主，不必多言。」我一看莒兵個個怒目相向，情勢不妙，只好默默退下。心想先禮後兵，既然勸說不動，就來武的，抽空瞄準小白射了一箭。

記：有沒有射中？

管：只見小白大叫一聲，口吐鮮血，倒在車上，鮑叔急忙來救，衆人大叫齊哭……。

記：莫非小白死了，這下王位非公子糾莫屬了。

管：我趕緊快馬加鞭回車，告知魯君，與子糾額手稱慶。

記：結果你們一路放心落意，前往齊國首都臨淄。

管：沿途還接受地方邑長的招待。

記：正準備堂堂正正威風凜凜的回國接位。

管：事後我才知道，只射中小白的腰帶，並未貫穿，小白咬破舌尖噴血詐死。

記：小白好詐啊！

管：如果他不詐死騙我，我一定會再射第二箭。

記：回到臨淄，才曉得小白已捷足先登，即位爲桓公。這下您們君臣三人慘了。

管：公子糾被殺，召忽觸柱自殺。我則被囚，送還齊國。

記：射鈎帶之仇，桓公必欲親手刃之。

管：但是鮑叔早就替我打點好了。

記：當年您們早就約定好的，要互相救援的。

鮑叔薦管仲於桓公

管：桓公即位後，本欲任鮑叔爲相，鮑叔卻大力推薦我，並自願任副相。

記：您這個朋友真夠意思，真是兩肋插刀爲朋友犧牲。

管：他告訴桓公：「臣小心敬慎、循禮守法，足以治齊而已；若論及內安百姓，外撫四夷；勳加於王室，澤布於諸侯；功垂金石，名垂千秋。

則非夷吾不可！」

記：那桓公相信嗎？

管：鮑叔繼續推崇我有五項政治專長是他所不及的。

記：那五項。

管：第一：寬柔惠民：民之所欲，長在我心；民之所惡，我當去之。

第二：治國家不失其柄：精神生活與物質生活並重。

第三：忠信可結於百姓：民無信不立；上好信，則民莫敢用情。

第四：制禮義可施於四方：上好禮制民莫敢不敬；敬則易使也，上好義則民莫敢不服。

第五：執枹鼓立於軍門，使百姓敢戰、樂戰，打死不退，前仆後繼。

記：桓公果然被説動了？

管：當然被説動！鮑叔在義導利誘之餘，不惜貶低自身，以擡高我的身價，加上桓公正有圖霸之雄心，焉有不動心之理。

記：您就這樣去上班了？

管：我在鮑叔安排的郊外公館三浴三釁（薰香），等待桓公來親迎。

記：爲什麼要洗澡三次？您不怕皮膚洗燥、洗裂？這是「沙宣」教您的？

管：洗三次澡是一種儀式，表示一洗事（公子）糾之誤；二洗擁糾之罪；三洗射帶鈎之恨。

記：表示過去種種譬如昨日死！那又爲什麼還要全身偏擦古龍水三遍呢？煩不煩啊！

管：表示去惡臭入芝蘭之室，要從新做人。

記：弦外之音是：往後種種譬如今日生；然後呢？

管：桓公親自出郊，爲我衣冠袍笏，比照上大夫之禮迎之，同車載之入朝。

記：哇！這真夠神氣了。

管：鮑叔還發動百姓傾城出迎，夾道列隊，舞獅舞旗歡呼。

記：人生得意處也不過如此，是您要求的。還是桓公主動構思的？

管：是我叫鮑叔要桓公這麼做的！

記：教他們知道「大有爲之君亦有不召之臣」！諸葛亮要是看到這個場景，一定當場「鞠躬盡瘁」吐血而死！

管：誰是諸葛亮？

記：就是那個劉備三顧茅廬的諸葛孔明啊！

管：窘困得無立錐之地，栖栖皇皇如喪家之犬的劉備，怎麼能跟齊桓相比。

記：您就這樣三兩下地當上了宰相。

管：當天入朝，我稽首謝罪行過君臣之禮，桓公親自扶起賜坐，垂詢治國之道。

記：換句話說，要您發表「內閣行政白皮書」。

管：對啦！

記：當時齊國國內是個什麼情況？

管：由於先襄公政令無常，往往朝令夕改，人民無所適從，人心未定，治安不佳；國勢不張，景氣不振；加之魯、莒各國，因功要脅，處處顯示危機重重。

記：國家危機四伏、王室腐敗無能、社會混亂不安、經濟在生之者寡，食之者衆的惡劣狀況下，如何著手改革。

管：首重心靈改革。

記：何謂心靈改革。

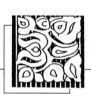

管：禮、義、廉、恥國之四維，四維不張，國乃滅亡；四維既張，國乃復興。

記：何謂禮？

管：禮是規規矩矩的態度；不侵越法度，不超越節制，社會秩序就安定。

記：何謂義？

管：義是正正當當的行爲；不鑽營、不自進，臨難勿苟免，那麼人與人之間詐欺就不生。

記：何謂廉？

管：廉是清清白白的辨別；不掩蔽罪惡，臨財不苟取，保持品行德操純正。

記：何謂恥？

管：恥是切切實實的覺悟；不盲從、不放縱壞人。如此，則邪事不生。

記：國之四維建立了以後，下一步呢？

管：從四順！去四惡！

記：何謂四順？

管：安居樂業；平順富貴；生存安全；生命延續。四者民之所欲，行之則民順。

記：何謂四惡？

管：憂傷勞苦；貧窮卑賤；危險不安；滅絕後代。四者民之所惡，行之則民逆，務必去之。

記：張四維，從四順，去四惡，這是您治國的大綱。

管：這四順四惡是相輔相生，相互爲用的。

記：怎麼說。

管：凡在上位的人，平時能使人民安居樂業，到了戰時，人民必能爲國分擔憂傷勞苦；平日能使人民平順富貴，戰時人民可爲國家忍受貧賤卑微；平時能使人民生存安全，戰時人民就會爲國家承擔危險不安；平時能保障人民的生命，生生不息，戰時人民定能犧牲生命，保國衞家。

記：說得也是，「出乎爾，反乎爾！」古有明訓。

管：否則，只靠刑罰不足以使人民畏懼；只靠殺戮不足以使人民信服。

記：能做到這樣，也就「近悅遠來」了。

內閣改組——施政白皮書之二

管：建立一個全方位强而有力的「行動責任內閣」！

記：這麼說來，您是中外歷史上第一個內閣制度的建立者。

管：可以這麼說，本人當之無愧。

記：的確，不像有人是「有愧」，才說「無愧」！那麼誰是您的內政部部長？

管：隰朋，他進退有度，剛柔並濟，是我的內政部部長。

記：誰是您的法務部部長？

管：賓須無，他廉能公正、無枉無從；不殺無辜，不誣無罪，是我的法務部部長。

記：經濟部部長呢？

管：甯越，他能地盡其利，增加生產；貨暢其流，互道有無。是我的經濟部部長。

記：誰是您的國防部部長？

管：公子成父，他能下令三軍，鼓舞士氣，有進無退，視死如歸，打死不退，是我的國防部部長。

記：職司諫諍，查察百官，可有其人？

管：東郭牙能犯君顏色，進諫必忠，不避死亡，不撓富貴，足可任監察院長。

記：您的內閣閣員只有五個人，未免太小兒科了一點，如何擔當國家大事。

管：內閣閣員在精不在多，人員少更能發揮團隊精神。

記：國之首要在於教育，您沒有教育部長，如何承擔教化人民？

管：一年之計莫如樹穀，十年之計莫如樹木，終身之計，莫如樹人；樹人就是教育事業。教育！教育！不是喊喊教改口號、改個學校招牌，蓋個教學大樓、換個招生方式……就是教育。

記：您的意思是精神再造比物質設施重要。

管：必也言教（教學）、身教（訓導）、境教（輔導）三合一，五育並重方可。我以禮義廉恥全面精神總動員，早已行了不言之教、無爲而治，何必蓋個教育部空大樓。

記：怎麼也沒有新聞局局長？

管：凡事豫則立，不豫則廢，我的每一個政策、每一個宣示，事先都經過深思熟慮，然後按部就班的實施，所以不必設「擦屁股局長」「解讀」我的言論和政策。

記：當然也不會有「朝令夕改」的情事。

管：當然！當然！

記：您也沒有外交部部長？

管：我以信義立國，即便桓公「盟柯」受劫允還汶陽之田，事後亦絕不食言，焉用金錢買外交。

財經改革——施政白皮書之三

記：國以民為本，民以食為天，您如何整頓國家財經？

管：治民之道，必先富民，蓋「一農不耕，民或為之饑；一女不織，民或為之寒。」倉廩實則知禮節，衣食足則知榮辱。

記：具體細目呢？

管：務五穀，則食足；養桑麻、育六畜，則民富。

記：您好像特別重視農藝，是個「重農主義」者？

管：本來嘛！民事農則田墾，田墾則粟多，粟多則國富，國富者兵强，兵强者戰勝，戰勝者地廣。總之，農業乃富國强兵根本。我雖重農，卻未貶工商爲「末業」。

記：那您是四民並重囉！

管：我肯定工、商、士、農同屬「國之石民」（基石），使之四民分處。

記：爲什麼要讓他們分開居住？

管：這就是專業分工與社會分工，以提高生產效力。

記：您不設中央銀行與證管會，萬一碰到經濟不景氣，怎麼辦？

管：當國家財用不足時，我只知道興漁鹽、山林、川澤之利，進一步的銷山爲錢，煮海爲鹽，以利通天下……；我從不用勞工退撫金、郵政儲金、銀行準備金去炒股票，以贏得泡沫經濟假象。

記：您是否禁絕娼妓？

管：「性交易」是人類最古老、最原始的商業行爲，他的重要絕不下於吃飯、喝水，您能禁止人家吃喝嗎？

記：您的解決之道？

管：由首都市政府設公娼三百戶，以安行商，使得商旅之士，賓至如歸，如此百貨才會羣集，政府才有充裕的稅收，以佐軍用。

記：您用娼妓繁榮景氣，未免太不上「道」了！

管：什麼道不道！雙方各盡所能，各取所需，歡喜甘願，既然禁不了不如開放，集中管理，加强監督。

記：荷蘭等國就是這麼做的！奇怪爲什麼歷任市長明知其不可爲而爲之，非要禁娼不可！

管：企圖博得希望、快樂、乾淨的首善之名。

記：結果計程車司機姦殺女乘客，男老師猥褻女學生等事件層出不窮。甚而父親也强姦女兒，哥哥强姦妹妹，也都一一發生，使得許多人生活在絕望、變得不快樂、形象更骯髒。

管：政治是「管理衆人」之事。一切以人爲本，本理則國固，本亂則國危

記：政治不光是「爲雛妓慢跑」，如果市長帶頭慢跑雛妓就會消失的話……。

管：那麼和窮人慢跑肚子就會飽了，是一樣的荒唐。

記：依您看，人性何在？

管：不外趨利避害四字；人情之常，見利莫能勿就，見害莫能勿避。

記：商人們……

管：商人通賈，倍道兼行，夜以續日，千里而不遠，利在前也。

記：漁人們……

管：漁人入海，海深萬仞，就波逆流，乘危百里，宿夜不出者，利在水也。總之，利之所在，雖千仞之山，無所不上；深淵之下，無所不入焉。

記：你這麼「民本利心」思想，十分契合人心，難怪齊國大治，富國之後又如何强兵？

作內政以寄軍令——施政白皮書之四

管：欲强兵必先組織民衆。

記：您如何組織民衆？

管：我把全國分「都市」與「農村」兩區。

記：爲什麼？

管：都市人民與農村人民，基本上其人心、人性、人情、職業，皆有不同，不可混爲一談！我把都市之人分爲二十一個單位，其中「工」三，「商」三，「士」十五。

記：幹嗎？

管：定民之居，使奔亡者無所匿，遷徙者無所容；不求而約，不召而來；如此，民無流亡之意，吏無備追之憂。〈禁藏〉五十三

記：彷佛是現代版的「人民公社」！

管：然後五家爲軌，十軌爲里，換句話說五十人即成一小戰鬥團體。

記：是爲排教練。

管：四里爲連。

記：成爲一個二百人的加强獨立連。

管：十連爲鄉。

記：成爲二千人的旅戰鬥羣。

管：五鄉立一師。

記：一萬人成爲師團。

管：十五鄉以爲三軍。

記：澈底的寓兵於民的保甲組織；那農村的組織又如何？

管：平時使其居同樂，行同和，死同哀，春秋兩季集合訓練，是個共同生活的生產團體。

記：到了戰時呢？

管：用平時的保甲制度，一夜之間編制成軍，成爲戰鬥團體。用保甲長充任戰時的連、營長。

記：那有何優點？

管：由於平日相處，彼此熟識，感情深厚，故而夜戰其聲相聞，足以無亂，晝戰其目相視，足以相識。用以防禦，必定堅固，用以攻堅，一定破敵。

記：就這樣您造就了齊桓公四十年的霸業，其功不朽；你死後小人易牙、豎刁、開方等用事，不二年桓公亦死，結果五公子爭立，造成尸蟲出於戶的淒慘局面。

管：其實我事先即已預料到了。

記：那您爲何不除害，及早培養接班人，以維持齊國霸業。

管：其實人才隨時、隨處都有，只是君主往往因臣下的奉承矇蔽而不自覺，自以爲天縱英明，人外無人，以致害賢霸業成空！

記：依仲父觀之，害賢狀況有幾？

管：一、不用賢害霸；二、知賢不用害霸；三、用而不任害霸；四、用而不專而以小人參之害霸。

記：這真值得爲君王、爲領導者戒！

管：風水輪流轉，也該讓宋襄公風騷一下。

1和0的遊戲

記：謝謝仲父，我們的訪問到此爲止；不過我有個題外話，一直疙瘩在心中，可否冒昧的順便請教一下？

管：說吧！

記：您跟鮑叔的關係到底親密到什麼程度？爲什麼有「管鮑之交」的艷稱。

管：我們是情同手足，親似骨肉。

記：是不是那種1號和○號的關係。

管：什麼零？又什麼是1，打什麼啞謎啊！

記：聽說您倆是同性戀關係？您是一號，鮑叔是零號，可有這事？

管：什麼話？胡思亂猜，我同時娶三女，有一妻二妾；鮑叔也娶妻生子，要是我們是同性戀，那鮑叔不早就把我幹掉了？還等到你來嚼舌根，你給我滾！

記：噢！對不起！對不起！多所衝撞。

最好的朋友，即是最大的敵人
～韓非子訪問記～

後春秋時代的百餘年間，在淮河、泗水地區，產生了三大哲學家──老子、孔子與墨子。

他們面對著：世衰道微、邪說暴行、封建體制崩潰，篡弒不斷之局。老子知其不可為而不為，主張打破一切體制現狀，復歸於「樸」，任自然；孔子明知其不可為而為之，倡導以仁義忠恕修己，以禮樂詩書治國；墨子抱苦行與犧牲精神，雖不可為，仍然為之，企圖濟弱扶傾、拯救民間疾苦。

儒、道、墨三家學說，並未能「挽狂瀾於既倒，障百川而東流」之局，講現實主義的法家思想，成為後起的一個學派。

法家首推管仲為宗主，管仲雖然提倡法治主義，但他是以法治觀念與注重禮教的人治相配合，其精神仍是儒家的延伸，不能做為法家的代表。

春秋戰國之際，乃儒墨發皇時期，到了戰國中葉則是法家的全盛時期。他們主張信賞必罰，申威行令（商鞅言法），首先必須提高君權，使人主有威勢（慎到言勢）、有手段（申不害言術），韓非綜合之強調「君無術、則弊於上；臣無法，則亂於下，此不可一無，皆帝王之具也。」這種思想大大的為當時列國君主所欣賞，更由於李斯的運作與實踐，造就了秦王之極權專利，完成六國統一大業。

現在讓法家的集大成——韓非，現身說法一番。

韓國公子，不見重用

記：韓非先生，請接受本記者的訪問，並問候廣大熱情的讀者羣。

非：我……我！姓韓名非，非……非，是韓國的諸公子。

記：韓國是戰國七雄中最弱的一國，加之秦吞六國，首滅韓國，歷史對韓國的記載也最少；秦末陳勝、吳廣揭竿而起，六國後裔紛紛復國，只不見韓復國。可否先把韓國說明一下，我們對他實在有點「霧煞煞！」

非：左傳云：「邘、晉、應、韓，武之穆。」都是周武王的兒子。始祖韓萬事晉，被封於韓原（今陝西省馮翊韓城縣西南），是謂韓武子，四傳至韓厥，伐齊有功，得封號「獻子」，位列六卿之一。即今韓氏之起源。

記：謝謝您，使我知道我韓姓之起源。

非：周威烈王二十三年（西元前四〇三年即魯穆公五年、晉景侯虔六年），周封晉大夫魏斯、趙籍、韓虔為諸侯，是為韓國。

記：那漢朝的張良其父、祖，五世相韓，跟韓國又是什麼關係？

非：有張開地、張平者，父子兩人分別相韓昭侯、宣惠王、襄哀王，釐王、悼惠王等五世。您說的「五世相韓」指的是這件事。

記：難怪張良要徵求天下勇士，擊始皇於博浪沙（今河南原武縣）；秦亡後，張良曾建議項梁立韓諸公子橫陽君韓成為韓王；項羽自立西楚霸王後，降之為侯，後殺之，遂亡。難怪張良死心塌地的輔佐漢王以滅項王，也是為報此一滅國之仇。

非：我身為韓國諸公子，見到韓國這麼衰弱，屢次上書韓王，韓王也不能用。

記：正所謂「忠言逆耳」，碰到個昏君，您拿他沒辦法！即使你說破了嘴，他反手還給你一記耳光。

非：我想也許是我口吃，也許是韓王坐席離我較遠，聽不太清楚；後來我把我的意見寫成〈孤憤〉、〈五蠹〉、〈内外儲〉、〈說林〉、〈說難〉等五個篇章總共十餘萬言，獻給王上。

記：結果他還是沒理您。

非：韓王要治國不知修明「法」制以立準則，也不能執「勢」以駕御其臣下，更不能運「術」，以求人任賢，因任授官，循名責實。

記：您認爲富國强兵首重「勢」與「法」？

非：做爲一個國君若無「氣勢」，如何震懾得住羣臣？人長得獐頭鼠目，小頭銳面，只會逞口舌之快，做法律邏輯的巧辯，無非予人以沐猴而冠的印象。

記：做爲一個領袖人物必須具備：體天地生生不已之大「德」；法天地自强不息之健「行」；養天地清剛浩大之正「氣」，則天地覆蓋持載之性「量」。

非：總要德、行、氣、量四者俱備，切不著一「我」字，著一「私」字，一著「我私」「黨同」則格局小矣！

記：所以您認爲舉浮淫之蟲，加之於功實之上，往往造成「儒者用文亂法，俠者以武犯禁」，是非不明，忠奸不分的局面。

非：身爲一國之領袖人物，千言萬語，總歸於「任術嚴法」四個字，當「法」「術」兼持之時，其「勢」自出。

人之初・性自利

記：歷來學者，對人性之看法，約而言之有三：孟子主性善；荀子主性惡；揚雄則主「性善惡混論」。您的學說，師承荀子，所以也主張性惡說。

非：人性到底從何而來，各說各話，因人而殊，後人總喜以二分法定善惡，那是幼稚的，不經大腦的。

記：何以說？

非：人性像一張白紙，本無善惡，不過趨利避凶，則是人性之常。只能說「人性自利」而已。

記：怎麼個自利法？

非：舉個例子說：凡父母沒有不愛子女者，凡子女者沒有不孝父母者。

記：對！

非：可是後來爲什麼有不慈、不孝，甚而爲領保險金而燒死子女者，爲要不到零用錢而手刃父母的事情發生。

記：這我就不懂了，這之間似乎很矛盾。

非：子女小時父母全力呵護，這時父母與子女的利害是一致的。一方全靠父母養育，一則養兒防老，積穀防饑，但等長大時往往爲了利害相衝突而起爭奪之心，就別有用心了。

記：爲什麼父母之於子也，產男則相賀，產女則殺之。

非：這也不能一概而論。在農業社會產男是爲了生產力；產女則是消耗品，外加陪嫁粧的「賠錢貨」，所以愛恨立明。時序進入工商業則不然，男孩女孩一樣好，反而女孩好養，好找工作。

記：那重男偏女呢？

非：這又牽涉到傳宗接代的問題，男子可傳姓氏延血食的祖宗大業。

記：說的好像真的一樣！

非：再看輿人成輿，則欲人之富貴；匠人成棺，則欲人之夭死也。

記：您的意思是開計程車的人，希望人人西裝畢挺，有錢好搭他的車子；至於棺材店老板當然希望人家早死，「總有一天等到你！」

非：賣矛的人前一會說他的矛無堅不摧，過一會兒又說，他的盾最堅，沒有東西能夠戳破它的。

記：這簡直是睜眼說謊嘛，真是「矛盾」之至。

非：他並非天生的說謊者，只是為推銷他那二種敵對的武器，而不惜「黑白講」而已。

記：小時候聽過一個故事，說有個父親晴天固然憂愁煩惱，雨天同樣愁眉不展、悶悶不樂，整天怪罪天氣。

非：原因是他的兩兒子，一個是做傘的，一個是燒磚的。做傘的希望天天下雨，傘才賣得好；燒磚的希望天天大晴天好曬磚，以至於令老人家陷於進退維谷之間。

記：其實，天之陰、晴、風、雨，自有其循環之理，干他屁事，何必庸人自擾呢。

非：又如：宋有富人，天雨牆壞，其子曰：「不築，且有盜。」其鄰人之父亦云，暮而果大亡其財……。

記：結果父子兩人對鄰人之父起了疑心！

非：又如：慧子曰：「狂者東走。」逐者亦東走，其東走則同，其所以東走之爲則異。

記：同樣的二個人東向而走，其動作一，而其動機則否，不可同日而語。

法後王．講現實

記：儒家學說重家族、重人治，重感化以禮樂教人，特重堯、舜、禹、湯、文武、周公先王之道。

非：那些空洞的先王之道「無三小路用！」我主張法後王，講現實……。

記：怎麼說？

非：毛嬙、西施古之大美人也。

記：是啊！人人都想要有嬙、施之美。

非：你天天對著二美人的照片，喊：「類我！類我！」會不會因此使你更美麗！

記：不會！

非：你必須多吃水果，多抹脂粉，才會美麗。

記：對啊！

非：有個鄭國人想要上街買鞋子，先在家中把鞋樣尺寸大小畫好，上了街才想起忘了帶鞋樣……。

記：於是他回家拿鞋樣，等拿了鞋樣趕回去，已經散市了。

非：他怎麼這麼呆，不會現場用腳試一試。

記：他說他寧可相信鞋樣，也不相信自己的腳。

非：這就對了！寧可相信虛無的先王之道，而不相信自己的實際能力。

記：對了！有個故事叫守株待兔，您不妨說來聽聽！

非：宋國有個農夫，有天遇到一隻兔子撞死在一棵樹下，從此之後他放下鋤頭，在樹下等待兔子來撞樹，企圖不勞而獲，結果農夫餓死在樹下。

記：守先王之道就如同守株待兔一樣，是徒勞無功的。

非：就像〈卜妻爲褲〉：有個鄭縣人叫卜子的叫他妻子照著舊褲子做了條新褲子。問他：「新褲子如何？」丈夫説像舊褲子一樣，妻子就把新褲子剪了，叫他丈夫仍然穿舊褲。

記：可見不能以古爲法！

非：顯得没有成就感嘛。

記：您再説説〈魯人欲徙于越〉的故事。

非：有對山東夫婦，男的會織鞋，女的會織絲造冠，他們想搬到南方越國去。

記：幹嘛！

非：想説南方較富庶。鞋子、帽子會不會賣多一點，日子會過得好一點。

記：鐵定没有好日子可以過的！

非：你怎麼知道的？

記：因爲越人赤腳不用穿鞋，越人披髮不必戴帽子。

非：所以啊！一切的事情都要看外在條件，實際情況而論，不可輕舉妄動，什麼都可以實驗，政治的實施可不能實驗的。「非核家園」是個空中閣樓的永恒理想，但不見得做得到。

西使秦國，身死異域

記：您這些文章真是筆鋒銳利、議論透徹，推證事理，切中要害，不愧是本「治國寶典」。

非：後來書流傳到秦國，秦王讀了之後，嘆道：「寡人得與此人遊，死不恨矣！」

記：楚材晉用，遠來的和尚會念經，自古皆然。

非：秦王政十四年（西元二三三年），秦王爲了得到我大舉攻韓……。

記：爲了一本著作而引起兩國之間的戰爭，也未免太誇張了一點。

非：韓王不得已只好任命我爲「韓國駐秦國大使」。

記：您到了秦國，秦王是否一見如故，給您熱烈的歡迎，據說您的老同學、好朋友李斯也在秦國，很受秦王的重用，正好替您敲邊鼓，美言一番。

非：那曉得李斯竟然聯合姚賈在秦王面告了我一狀。

記：怎麼個告法？

非：他說韓非是韓國的公子。現在大王想要併吞諸侯，我是韓國人終究會爲韓國而不會爲秦國。

記：說的也是，這是人之常情。

非：那秦王現在不用我，那將來我回國後終究會成爲秦國之患，不如找個理由把我殺了，所以秦王就把我暫時下獄。

記：您在獄中受到非人的待遇？

非：我想要見秦王不得，一位駐在秦國的大使，竟然下獄受苦，天下那有這種事體？

記：說的也是！聽來令人憤憤不平！

非：後來我的好學長兼好友，偷偷送給我一包毒藥。

記：您就這樣服毒自殺了！

非：不然我怎麼辦？

記：後來秦王得知您死了的消息，後悔得不得了。

非：嗯！承認「人性本惡」？所以說所謂最好的朋友，就是最大的敵人，您懂嗎？

記：@＃！

先天下之憂而憂，後天下之樂而樂
～范仲淹訪問記～

孟子曰：「天將降大任於是人也，必先苦其心志、勞其筋骨、餓其體膚、空乏其身、行拂亂其所為……。」綜觀整部中國歷史，在眾多傳世人物中，能合乎此一要求與考驗的，屈指可數，而宋朝范仲淹先生正是其中一人。

范仲淹字希文，謚「文正」。按宋代封謚：「道德博洽曰文，經天緯地曰文，內外賓服曰正。」允為當世為臣者最高謚號。

范仲淹二歲喪父，母親改嫁，長而無依，刻苦力學八年成進士。任職官場，廉潔不貪、正直不阿；勤政愛民，人飢己飢，三遭貶黜，三增光耀。奉行「先天下之憂而憂，後天下之樂而樂」的憂樂人生觀。

本記者通過越陽（陽間之陽也）手機，訪問了范先生。

幼年家世——先天下之憂而憂

記：范先生，同學們都讀過您的〈岳陽樓記〉，印象非常深刻，心得多多，希望能進一步的了解、學習、效法，所以希望您能接受我們的訪問。

范：少詎人了，學生嘛！往往是在老師逼迫下，才讀書的，小和尚念經——有口無心了事。您倒說說看，您有什麼心得！

記：〈岳陽樓記〉是一篇寫景抒情文，是一幅畫也是一首詩，全文重點在「記」字。

范：記什麼？

記：記「不以物喜，不以己悲」，記「先天下之憂而憂」，記「後天下之樂而樂」。

范：這還差不多，我願意接受你的訪問！

記：謝謝，謝謝！

范：您剛才爲什麼說〈岳陽樓記〉是一幅畫，是一首詩？

記：借景抒情，寫白天，寫夜晚，寫天色，寫景物，寫心境，寫動靜，層次分明，對比强烈，如畫如詩。

＊范仲淹

范：您讀〈岳陽樓記〉能讀到深處，頗令我感佩。

記：能不能說說您小時候的情形？

范：我是江蘇吳縣（蘇州）人，父親叫范墉，任武寧軍（今徐州）節度使書記。我就出生在徐州。

記：書記雖然是小小芝麻官，但一家「溫飽無虞」應該不成問題。

范：可憐在我兩歲時先父即病故了。

記：令堂年輕守寡，生活無著，如之奈何？

范：只好隨母改嫁，依朱文翰先生。

記：您勢必得改名換姓囉。

范：那是肯定的事，改姓朱，單名說。

記：大丈夫坐不改名，行不改姓；對於更名改姓一事，您是否耿耿於懷？

范：我立志苦讀，經過八年的奮鬥，於二十七歲考中進士，終於達成回復本姓的願望。

記：您怎麼個苦讀法？

范：我從二十一歲起，就在寺廟中苦讀，日夜不息。每日煮粥一大碗，分成四份，早晚各吃二份，以韭菜數根入鹽少許吃之，後五年在戚同文老師處讀書，也是一樣。

記：您繼父朱文翰不也任公職？擔任安鄉知縣、淄州長史之類的職務嗎？

范：他是他，我是我！而且他還有他的負擔！

記：姓范對您這麼重要！？

范：唐朝范滂博士是我遠祖，其孫曾任丞相。

記：還有更遠，更有名望的祖先？

范：爲了能獲准復姓，我曾呈一對聯致宰相：「志在投秦，入秦遂稱張祿；名非霸越，乘舟乃效於陶朱。」

記：噢！我了解！戰國時入秦助昭襄王成帝業的范睢以及幫助勾踐興越滅吳的范蠡，全是您傑出的先祖輩。這麼說來，就您而言，姓范可比姓朱來得光彩多了。

建學校·興教育

記：范先生！您一生爲官三十多年，贏得了無上美名。您認爲您這輩子最稱心得意的是何措施？

范：當數教育吧！我所到之處，莫不以作育英才爲己任。

記：是否由於您早年未受正規教育，故而特重國家百年樹人的事業？

范：的確，大中祥符八年、我初任廣德軍（今安徽廣德）司理參軍時，就建議軍部設立學校，延聘三位名士爲教師。

記：參軍是幹嘛的？

范：主管獄訟事件。

記：一般人認爲：「軍中是養笨人的地方，監獄更是養壞人的地方。」您這豈不是撈過界了。

范：噢，不！教化，教化，有「教」才有「化」，事半功倍，不教如何化？

記：效果如何？

范：本軍陸續培育出「進士」。

記：Really？教軍人考進士，這也是您開風氣之先。之後呢？

范：我到泰州興化縣，特創縣學；派到蘇州府，也同樣的辦府學，並邀湖州名士胡瑗來主持。

記：反正您走到哪裡，學校就辦到那裡。您當主管（官）職務有空間、有資源當然可以辦；但如果非主管業務，也就沒有這個能耐了吧！

范：天聖五年我丁母憂在家，辭官守喪應天府，府留守晏殊禮聘我爲府學教授。

記：這下您可不能辦學了。

范：是時我常住府學中，晚間也到學生齋舍義務督導自習，經常取出學生讀過的書當面考問，以考查學生勤惰與領悟能力。

記：您栽培了很多人才？

范：像富弼、張方平、孫復等都是這一時期的學生。以後我歷知饒州、潤州、越州，無不創立州學，延師訓士、以開風氣之先。

記：有宋一朝，國勢雖然不振，但文風卻極盛，北宋諸帝，無不篤好文學，提倡學術，相信您是有承先啓後之功的。

范：不敢，不敢！不過我在天聖八年（西元一〇三〇年）曾上書宰相呂夷簡，提出「宗經勸學」的主張……。

記：您認爲儒家六藝、六經乃是具體的教育科目、教育内涵。

范：夫善治國莫先育材，育材之方莫先勸學，勸學之要莫尚宗經。宗經則道大，道大則才大，才大則功大……。

記：聽說當時皇上仁宗立即下詔：「天下州縣皆立學」。

范：甚至還進一步的擴建中央太學，成爲自成系統的官學制度呢！

記：「君子之德風，小人之德草；草上之風必偃！」上行下效，蔚爲風氣十分重要！

范：真宗（西元九九八～一○二二年）大行皇帝，就曾爲此頌〈勸學篇〉。

記：說些什麼？

范：「當家不用買良田，書中自有千鍾粟；安居不用架高堂，書中自有黃金屋。娶妻莫恨無良媒，書中自有顏如玉；出門莫恨無人隨，書中車馬多如簇。男兒欲遂平生志，五經勤向窗前讀。」

記：說的也是！那像現在的政治領袖們，成天的吆喝「愛拚價欵贏！」

范：於是全國上下「打」成一片，從國會議員打到街頭，家庭暴力不斷，爲了爭財產，弒親刺兄之事層出不窮。

記：每天唱「您是我兄弟，無論您和我……弄是一家人……」

范：於是狐羣狗黨，形成官官相護的黑金政治，整個社會陷於沉淪。

興水利・勸農桑

記：您任職地方官吏，或縣長、或知府、或刺史，其首宗要務爲何？

范：辦教育。

記：爲什麼？

范：「教者，上所施，下所效也；育者，養子使作善也。」「教育」乃是使上一代的經驗得以傳遞至下一代，能適應社會生存，改善生活，有延續生命之目的。

記：其次呢？

范：興水利、勸農桑、保生態。

記：俗云：「衣食足知榮辱，倉廪實知禮儀」，一點兒都不錯。

范：天聖二年我在泰州監鹽倉時，訪察通州、泰州、楚州三州濱海農田，常因漲潮海水倒灌，以致農民有田無法耕種，乃向兩淮發運副使張綸請求，上奏朝廷興築「捍海堰」，以阻海潮而裕民生。

記：朝廷准了？

范：特任命我爲興化縣知縣，責成其事；我從鹽城縣到東台縣，壘石而成，修築了一百八十里長的捍海堰。

記：後人名之曰：「范公堤」。

范：景祐元年（西元一〇三四年）我出知蘇州府。

記：「上有天堂，下有蘇杭」，那是個「全國第一肥缺」，您是衣錦歸故鄉了！

范：蘇州位居太湖之東，爲魚米之鄉，但因地勢低窪，每逢夏季雨量充沛，往往積水成災。

記：没有河流可以引水入海？

范：有條松江，由於年久失修，宣泄不暢，以致積水不退，難有好收成。

記：那怎麼辦？

范：我乃上書呂夷簡宰相，疏導松江；並以工代賑法募集飢民散戶，開鑿溝渠，疏通五條河流，導太湖之水入海。

記：難怪每次打開江蘇省地圖，太湖以東地區，像蜘蛛網般的縱橫溝渠，散布其間。

范：開河築堤，不違農時，再樹之以桑，數年之間，農利也就大興了。

記：您一生以儉約自處，以清貧自甘，不好財貨；但一生爲官達三十年之久，所得俸祿亦不少，如何理財呢？

范：我以自己的俸祿，購置附郭良田數千畝在家鄉蘇州，置爲義莊。

記：幹嘛？投資土地還是投資股票、債券……。

范：那時節哪有這種時髦玩意兒？我辦「義倉」，在年豐時屯積米麥，以備水旱災害、鄉人不時之需，至於「義莊」則以其贏利濟養宗族，栽培人才。

記：這是社會福利事業。現今「三三三年金」制，做爲總統競選的支票，至今都未曾兌現。

范：自祖宗以來，積德數百年，至我才發達做大官。若我獨享富貴而不體恤宗族，他日何以見祖宗於地下？

記：您爲什麼會有這種想法？

范：我年輕時曾立下大志，若不能爲相以助聖君，當爲良醫以實現救人濟物心願，結果只做到一端。

記：您這樣實際上早已成良醫了。

范：正如孟子所說的：「魚，我所欲也；熊掌，亦我所欲也，二者不可得兼！」

記：其實您辦義莊、出義倉、辦教育、領兵討西夏，醫貧、病、私、愚、弱的國「病」，才真正是個偉大的「國醫」呢。對了！您是個文進士出身，怎麼也帶兵去打仗呢？

屯田修武・抵禦外侮

范：仁宗寶元元年（西元一〇三八年）西夏李元昊叛。仁宗命夏竦、范雍爲安撫使進行討伐。

記：自太祖杯酒釋兵權以來，邊境屢傳警報，不得已只好採招徠懷柔政策。一碰到外患入侵，這些軟腳蝦安撫使，莫不焦頭爛額……。

范：說的也是！這時知制誥韓琦自四川歸來，奉命去陝西前線主持軍事。

記：他一人如何分身？

范：他在臨行時向仁宗推薦道：「范雍節制無能，所以兵敗，致使君憂。臣願保舉范仲淹，駐守邊疆，一定不會誤事……。」

記：受任於敗軍之際，您如何因應？

范：我深知西夏與大宋之間的戰爭乃遊牧部族與農耕住民之戰。

記：前者擅長於運動戰，以攻擊見長；後者爲防衛性，耐於持久戰……。

范：所以我首先組織民兵，展開嚴格的軍事聯防訓練；其次則延邊築城以資防衛；其三在宋夏交戰地帶，構築堡寨，相機進剿；其四屯田安居，對近邊羌人部落，也都推誠相見。

記：這簡直是「急驚風碰到慢郎中」，讓元昊無釁可挑，無機可趁。

范：當時邊民有歌謠唱道：「軍中有一韓，西賊聞之心膽寒；軍中有一范，西賊聞之驚破膽。」

記：史載慶曆三年（西元一〇四三年）元昊上書請和，宋封元昊爲夏國王，歲賜絹十萬匹，茶三萬斤，西夏之戰，終告一段落。

范：而我回朝後，拜爲樞密副使（管軍事，權同宰相）。

任宰相、行新政

記：這下總算達到您平生之願——爲良相、致君濟民了。

范：其實我還是比較喜歡在邊地治軍。

記：爲什麼？

范：大才小用易有治績，任宰相則千頭萬緒，人多口雜。

記：但是仁宗不從，他要積極地做一些政策的調整，以求國富民强。

范：於是我和樞密副使韓琦、富弼三人硬著頭皮，上〈條陳十事〉進行「政改」。

記：這無疑是「十大行政革新運動」，是那十件？

范：㈠明黜陟：官員升遷按勞績與建樹，不依年資。

㈡抑僥倖：杜絕濫進，限制攀親帶故。

㈢精貢舉：由學校培育人才，重視品德與識見。

㈣擇官長：建立薦舉制度，保舉人才。

記：不錯！行政改革首重人事革新，其次呢？

范：㈤減徭役；㈥均公田；㈦厚農桑；㈧修武備。

記：其次是予民休息，獎勵農工生產，寓兵於民，加强整體國防措施。

范：㈨覃恩信；㈩重命令。

記：不外孔老夫子「足食、足兵，民信之矣！」的三大原則。

范：我第一波進行人事改革，尤其是司法改革，把一些無能的監司，按名册一一刪去，一筆勾消。

記：那豈不是很多人要丢官，造成「一人走路，一家哭」的局面。

范：總比一路哭，全國哭好多了。

記：像國共黨爭，就是一路哭，全國哭，世紀哭……。

范：皇帝在「天章閣」召見我，賜坐授以紙筆，全力支持我的改革，我是赴湯蹈火，在所不惜。

記：既得利益的舊黨以及保守人士一定全力反對，逐漸形成朋黨之爭。

范：您說得没錯，他們上下交相攻擊，又用「誹聞案」攻擊我。

記：像您這麼公正、清介之士，也有誹聞案？不可思議！

范：我四十八歲時因與宰相呂夷簡不合，被貶江西饒州。深覺「無功可上淩煙閣，留取雲山靜處看……」一時心灰意冷。

記：您開始遊（廬）山玩水（鄱陽湖）；當然還得美人相伴……。

范：我創立慶朔堂，其中有個陪酒的小鬟妓，很可愛。

記：把她娶來便是，知府喜歡還有什麼話說？

范：可是她才十歲出頭，後來等我調了新任所，實在按捺不下心中思念之情，我才寫了一首詩寄給住在饒州的友人魏介。

記：詩裡怎麼說？

范：慶朔堂前花自栽，便移官去未曾開；如今憶著成離恨，只託春風管句來。

記：情之所鍾，別有韻味，止於禮，合於節，再自然不過。「你的朋友」魏介夠不夠「朋友」，就看他的了。

范：魏介閱信後，立刻將她贖出，送到京師給我。

記：這下您可了卻相思之苦，兼可得魚水之歡。

范：我買了SK II，Shishedo等多種名牌化妝品給她，並且題詩給她。

記：詩是怎麼寫的？

范：「江南有美人，別後長相憶；何以慰相思，贈汝好顏色。」想不到政敵們竟以這首詩，在皇上面前告我一狀！

記：嘿！嘿！嘿！嘿！男女之間的「五四三」事件，本來嘛！船過水無痕，吃乾抹淨便是，您又何必不打自招的留下「自白書」呢！

范：慶曆五年（西元一〇四五年）正好邊患入侵，仁宗只好順水推舟，任命我爲河東陝西宣撫使。

記：您這短短二年的慶曆新政也就無疾而終了。

范：簡直可以用「人去樓空」來形容了。

記：這下您永遠也回不了中央了。

范：我從邠州（陝西邠縣）、鄧州（河南鄧縣），到杭州而青州（山東歷城縣）。

記：於景佑四年（西元一〇五二年）六十四歲時，病死於青州。

後記

「行求無愧於聖賢，學求有濟於天下」，有宋一朝，大儒、重臣中名

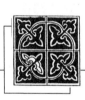

列第一。他是個大政治家、大文學家，尤其他的詩詞，實開蘇（軾）辛（棄疾）壯闊之先河，茲引兩闋以供欣賞。

（蘇幕遮）

碧雲天，黃葉地。秋色連波、波上寒煙翠。山映斜陽天接水，芳草無情，更在斜陽外。　暗鄉魂，追旅思。夜夜除非、好夢留人睡。明月樓高休獨倚，酒入愁腸，化作相思淚。

（漁家傲）

塞下秋來風景異，衡陽雁去無留意。四面邊聲連角起。千嶂裡，長煙落日孤城閉。　濁酒一杯家萬里，燕然未勒歸無計。羌管悠悠霜滿地。人不寐，將軍白髮征夫淚！

人生自古誰無死，留取丹心照汗青
～文天祥訪問記～

「殿前都點檢，加檢校太尉兼領歸德節度使」（相當於現今「首都衛戍司令」）的趙匡胤於顯德六年（西元九五三年），運用「陽謀」，受部下軍士的擁戴，在陳橋驛（離京都開封城北四十里）黃袍加身，三呼萬歲後，回京受周恭帝之禪，建國號宋，改元建隆，是為宋太祖。

趙宋有鑒於自身軍閥受禪之變，自此採重文輕武的國策，因而兩宋三百一十九年，文治之盛，超越漢唐、兩晉，詩詞文采，大放異彩；然而隨之而來的卻是外患頻仍，西夏與遼、金與蒙古，先後入寇，在無將可使，無兵可用的情況下，苟延殘喘，納貢輸絹，委屈以求全，最後北宋、南宋終不免於亡國之痛。

此時，卻有一位「明知其不可為而為之」，堅持抱道守死儒家理學精神的文弱書生——文天祥。見危受命，以堅毅不拔的心志，號召勤王，最後成仁取義，堪與日月同光，照耀千秋史冊。

天之祥，宋之瑞

文：孔曰成仁，孟曰取義；惟其義盡，所以仁至，讀聖賢書，所學何事？而今而後，庶幾無愧。

記：文丞相，文丞相！等一等，請接受訪問。

文：您怎麼會認識我？

記：您所撰的〈正氣歌並序〉，我們每個人都背過，即使不能全文背誦，亦可部分背誦。

文：謝謝！與有榮焉！

記：我需要知道更多有關您的生平、事功與想法，以作爲我們人生規畫的參考。

文：我倒不希望你們都像我一樣，年紀輕輕四十七歲，就告別人世。

記：生命的可貴不在於天長地久，而在於曾經擁有。在您短短四十七

＊文天祥

年的生命史中，文武兼備，見義勇爲，真正的「以國家社稷爲己任，置個人死生於度外」，成仁取義，浩氣長存，千古第一完人。

文：謝謝！謝謝，您對我的溢美之辭。我不過是盡一個做人的本分而已。

記：可否先自我介紹一下？

文：我姓文名雲孫，字天祥，江西吉州廬陵（今吉安縣淳化鄉富田村）人。

記：您這「名」與「字」之間，可有典故？

文：我出世時，家祖父夢見一小兒乘紫雲從天而降；夢醒時，家人來報，得一孫子，乃取名雲孫，字天祥。

記：意即從雲端下凡的孫子，這是天之祥瑞。既然名叫文雲孫，爲什麼大家都稱您文天祥？難道您也像胡適之一樣以「字」行之？

文：我二十一歲那年（寶祐四年，西元一二六五年），家父文儀革齋先生帶著我和弟弟文璧二人，進京臨安（今杭州）參加進士殿試，皇帝（宋理宗）見了我的〈事君能致其身〉策論，大爲欣賞。從原來的第七名親拔爲第一名狀元及第，並說「此天之祥，宋之瑞也」。

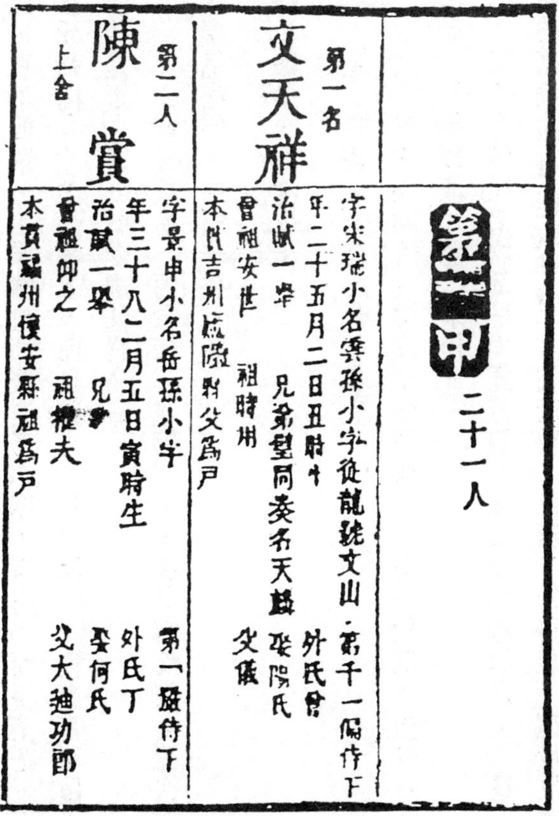

第一甲 二十一人

第一名 文天祥

字宋瑞小名雲孫小字從龍號文山 貫千一偏侍下
年二十五月二日丑時生 外氏曾
治賦一舉 兄弟璧同奏名天錫 娶陽氏
曾祖安世 祖時用 父儀
本貫吉州廬陵縣父爲戶

第二人 陳賞 上舍

字景申小名岳孫小字 第一嚴侍下
年三十八二月五日寅時生 外氏丁
治賦一舉 兄 娶何氏
曾祖仰之 祖禮夫 父大廸功郎
本貫福州懷安縣祖爲戶

＊宋理宗寶祐四年登科錄

記：從此您就名天祥，字宋瑞了。

文：對，對！

記：這麼說來您在當時已是「青年才俊」。您一試就中進士又是狀元，真不簡單，不像韓愈那樣連考四度，考得「而視茫茫，而髮蒼蒼，而齒牙動搖」才勉强考上，而且還是「員外郎」，沒有官可做；您考取狀元郎後是否立即分發受訓任官？

文：狀元放榜（丙辰榜）才第四天，我父宿疾復發死在旅館中，兄弟倆奉柩南歸，回家守喪三年。

難兄難弟，同考進士

記：令弟文璧有沒有考取？

文：兄弟倆同時登禮部榜（初榜），但在廷試（複試）時，文璧未能考上，三年後他才登己未榜。

記：您們兄弟倆都是極優秀的，先後分別考取進士。還有，您在殿試中的策論〈事君能致其身〉，到底寫了什麼，使得皇上這麼欣賞您，拔擢爲第一。

文：一般考生到了面對皇上的廷試，由於點進士在望，莫不小心謹慎，極其歌功頌德之能事，寫一篇「馬屁文章」，以博得皇上的青睞。

記：而您呢？

文：我在那篇策論中，洋洋灑灑的寫了一萬多字，不打草稿，一揮而就。首先提出爲政者必須「法天不息」，意即順天應人，直道而行；其次對於當時的民政、吏治、兵政、財政的黑暗面毫不留情的撻伐了一頓，最後提出我的具體作法：㈠皇帝不可總攬權力於一身，應下放至三省六部；㈡皇帝對於這些視民如草芥的貪官污吏，加以開刀，代之以正人君子；㈢政治要不斷革新。

記：您真的很大膽喲，在皇帝面前敢寫這種逆耳刺目的文章，您真不愧爲「硬頸」的客家人。

文：誰叫他在卷首寫著：「朕以寡昧，臨政願治……子大夫明先聖之術，咸造在廷，必有切至之論，朕將虛己以聽。」，我就不客氣的批判一番。

記：據說同榜第二甲第一名的謝枋得還指名道姓的攻擊丞相董槐與宦官董守臣等人。

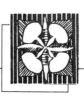

文：是的，我們同榜二甲狀元皆是「槓子頭」。

記：這麼說來，宋理宗是個英明的聖君。

文：我起先也以爲皇上是個有志改革，自強不息的明君，我還在皇上所賜進士「聞喜宴」上，寫下「但堅聖志持常久，須使生民見泰通……報恩惟有厲清忠」的「謝宴詩」。

記：結果呢？

文：全不是那麼回事。

記：怎麼說？

因循苟且的君主，貪污納賄的臣子

文：皇上之所以因兩篇火辣辣的策論，點我們爲狀元郎，無非是要造成一種「他不是昏君，而是明君」的假象而已。

記：這政治真是一種高明的騙術。想當然耳，您們倆人在往後的政治鬥爭中，一定處於不利的狀況，因爲您們未出仕，就已經得罪了當道。

文：三年守制期滿，我入京上書條陳政治得失，有關於行政效率、兵役制度、人事行政、及對外防禦，都有革新主張。

記：結果呢？

文：皇上因循苟且，大臣昏庸貪贓，没人理睬我的主張。

記：豈不是滿腔熱血，報國有心，請纓無路？

文：直到二年後，我才被任命爲秘書省「正字」。

記：豈不等於一個文書「校對」員或者編輯之類的職務而已？

文：我從正字、教授、校書郎到著作佐郎，兼殿試考官。

記：那就相當於今襄試委員，是相當大的文官。

文：直到二十八歲才出知瑞州，獨當一面，接著升任江西提刑，後又知寧國府（今安徽宣城）。

記：政績如何？

文：那還用說，我直道而行，義無反顧，抱著「仁民愛物，民胞物與」的心胸，爲人民主持正義，進行翻案，爲人民除貪滅贓。

記：請舉些例子說說吧。

文：我每到一個地方，立即接受人民的訴願案子，讓冤獄苦刑得以平反；其次接受人民請願，荒歉之年，減刑輕稅；糧食互通有無，抵禦寇賊，招撫叛軍，並以工役代刑罰，予人民以生養休憩。

記：您在每個地方都待很久嗎？

文：知瑞州十一個月，江西提刑與寧國知府各一個月；湖南提刑八個月；知贛州九個月，算是長的了。

記：爲什麼這樣來匆匆，去也匆匆的？

文：他們深怕我在一個職位待得越久，「糞坑」挖得越深、越臭。

記：爲什麼會這樣呢？

文：當時的政府，從中央到地方，全被「蟋蟀宰相」賈似道集團上下其手，政治之黑、貪官污吏賄賂公行，已到了不可救藥的地步。

記：您可以上書理宗，進行改革啊！

文：皇上是個阿斗，不敢動財大勢大的賈氏財團。

記：當時有沒有人提出「賈宋（瑞）配」？以資分散他們的勢力。

文：怎麼會沒有？可是皇上不點頭也只有乾瞪眼，看著國家衰亡，人民水深火熱。

記：可是「人民的眼睛總是雪亮的」，您的政績必定贏得人民叫好又叫座。

文：公論自在人心，有其不可磨滅處。

記：有實例嗎？

文：宣城人民在我離任時，還湊錢爲我建生祠，可是卻爲當道所忌。

記：誰這麼大膽敢排擠您？

文：丞相賈似道集團嘛。我在十年爲官期間，或由於讒言，或由於自請解職，前後六進六出。後來我乾脆在故鄉買下一座文山，以作爲進退藏身之所。

記：那兒風景優美嗎？

文：溪、山、泉、石，四妙畢具，迤邐十餘里。

記：您自號文山，是否就是這麼來的？

文：是的！

記：您真的精疲力竭，心灰意冷，想從此罷官隱退田園？

文：我一生讀書臨民，正爲今日行志，豈容任意放棄；天之生賢才，初意豈「無爲」。

記：您要與貪官污吏鬥，您要爲人民伸張正義，死不罷休。

文：我南宋歷高、孝、光、寧、至理宗，從丞相秦檜、韓侂冑、史彌遠與賈似道擅權，政治靡爛已到了無可救藥的地步。

臨危受命，知其不可為而為之

記：您真是血性漢子一條，明知其不可爲而爲之。

文：德祐元年（西元一二七五年）蒙古軍大舉南侵，湖北陷落，胡兵窺江，當時我任贛州知州，奉詔勤王；接詔後，痛哭流涕，散盡家財，招募地方豪傑萬餘人，提兵到臨安入衞。

記：以臨時召集的萬餘烏合之衆，如何能擋二十萬蒙古鐵騎，您這豈不是驅羣羊搏猛虎，何異雞蛋碰鐵球。

文：我大宋養育臣子庶民三百年之久，一旦王室有急，身受國恩，豈能袖手旁觀。

記：根據史載，您招募義軍到臨安，見危受命，出知平江府……。

文：所募義軍，犧牲殆盡，於大局無補，轉進餘杭，繼續抗元。

記：聊盡孤臣孽子心意而已。

文：第二年正月蒙古兵圍臨安，宰相陳宜中，大將軍張世傑等，棄職的棄職，潛逃的潛逃，出走的出走……。

記：那豈不是朝中無人了嗎？

文：他們一夥人跑到福州去成立另一個小王朝，任命我爲右丞相兼樞密使都督諸路軍馬，留守臨安，擔負重任。

記：他們把個爛攤子丟給您，您爲什麼不辭謝？

文：辭也辭不了，只好硬著頭皮接，進一步還充任軍前議和全權大臣。

記：有没有搞錯啊？您去當和談代表？

文：有何不可？

記：您個性這麼倔强，加上元兵勢如破竹，銳不可擋，根本没有協商的餘地。

文：我來到元營見到統帥伯顏，義正辭嚴的表達我的立場：痛責元兵師出無名，背信反復。

記：結果，蒙古退兵了？

文：他們反而脅迫我投降！

記：我嚴辭拒絕。

文：然後他們把我拘留在元軍帳中，最後往北送。

記：您從此被關在北京？

文：船行到瓜州，在深夜逃脫南下福州。

記：向宋王朝歸隊？

連戰連敗，連敗連戰

文：端宗景炎元年（西元一二七六年），任命我爲左丞相樞密使、都督諸路軍事，繼續抗元。

記：您先後兩任左右丞相樞密使、都督諸路軍事，可說位高權重無出其右者……。

文：大局已經土崩瓦解，無力回天，只能聊盡人事而已。

記：假如理宗當年能採用你的條陳與建議……

文：宋朝或許還可以復興。

記：假如度宗能重用您……。

文：或許宋朝還不至於亡國。

記：其關鍵何在？

文：全在丞相賈似道一人用佞、用權，以至國事糜爛。

記：既然知道大局已不可救藥，爲何還蹚這混水？

文：國家興亡，匹夫有責，雖明知其不可爲，仍爲之。

記：與元軍作戰的結果如何？

文：連戰連敗，連敗連戰，最後被俘。

記：您沒有殉國？

文：我在被俘前吞下二顆樟腦丸，未死！在解送途中絕食八日又死不成……。

記：似乎上天有意留一有用之身，以圖再舉，爲國搏拚。

文：最後到了燕京（今北京），被關在一個土牢中，極盡威迫利誘、凌辱虐待之能事。

記：以折磨消耗您的豪情壯志。

文：還命我的妻子、弟妹三不五時來探望苦勸、哭勸。

記：企圖用骨肉親情，瓦解冰釋您的堅定心意。

文：我寫了二首詩回報他們。

記：是怎麼樣的詩？

人各有志，不可強也！

文：「兄弟一囚一乘馬，同父同母不同天……江南見說好溪山，兄長難時弟也難；可惜梅花異南北，一枝向暖一枝寒。」

記：這是諷誦令弟文璧的？

文：他降元任惠州太守。

記：還有一首呢？

文：「烈女不更二夫，忠臣不事二主，天上地下，唯吾哭汝。」

記：這是給您夫人的，其實人各有志，何必勉强別人？

文：身受國恩，無以爲報，唯有一死！

記：依我看，腐敗的宋王朝，承平時並未重用您，面臨亡國倒朝時，才往您身上推，又不准您請辭，實在不夠厚道。

文：國亡不能救，爲人臣者，死有餘罪，何敢逃其死，而二其心乎？

記：國亡了不能盡忠，但卻可以爲民族盡大孝啊！

文：我如何盡大孝？

記：聽說元主忽必烈三番兩次請您當宰相。

文：嗯！對我極其禮遇，希望我爲他效力。

記：效法管仲，爲苦難的亡國之民，貢獻棉薄之力。

文：元人是異族，那我豈不遺臭萬年？

記：既然事已不可爲，何如化異族爲一族？這才是爲民族盡大孝。只要認同這塊土地，延續這段歷史，就是「新中國人」。

文：我不以爲然，總要有敵我之分，「成仁取義」古有明訓。

記：我可不這麼想，貪污納賄，腐化封建的王朝，既已亡了，您壯烈死難的精神固然可歌可泣，但是您「死」國「生」了嗎？您的死會給人民帶來幸福的生活，還是更苦難的生活？

文：☆！？。

記：「平日袖手談心性，臨時一死報君王！」傳統封建王朝思想下的小忠、愚忠！其實並不可取。

文：我是「臣心一片磁針石，不指南方不肯休」。

記：南方怎樣？南方是時也是元的天下。

文：那是我永生永世效力以死的烏托邦（Utopia）。

記：……。

不讓鬚眉的女革命家
～秋瑾訪問記～

自從人類有了家庭制度以來，為了維護這個組織，便制定許多道德上、習俗上、法律上的規範。易經：「女正位乎內，男正位乎外」；孔子說：「惟女子與小人為難養也！」；孟子更說：「毋違夫子，以順為正」。宋朝的男人最沒出息，異族入侵，無力抵抗，國破家亡，逃的逃，降的降不說，不能保護婦女，回過頭來還對妻女說：「餓死事小，失節事大」的鬼話，於是「家」成為婦女同胞的「枷」鎖，永不翻身。

「女子弄文誠可罪，那堪詠月更吟風？磨穿鐵硯非吾事，繡折金針卻有功！」（宋．朱淑貞詩〈自責〉）。您知道在滿清末年（西元一八七五～一九〇七年）有位女革命家秋瑾女士。她認為「女學不興，種族不強，女權不振，國勢必弱。欲興女學，振女權，又必先自放足始！」。

秋瑾衝破家庭的枷鎖、拋夫別子，留學日本。她不但弄文舞墨，從事婦女文學與教學；而且還使劍耍槍，響應革命，慷慨就義，是我國近代史上，為爭取自由民主犧牲的女中豪傑。

如今，女權高漲時代，記者好不容易有機會訪問到這一現代女傑，請她說說她對現代女性的看法。

號競雄、稱女俠，恨不生為男兒身

記：秋小姐，秋女士！請接受本記者的專題訪問，來談談您與女學、爭女權、獻身革命的的偉大事蹟。

秋：請叫我先生，不然，拒絕接受訪問。

記：爲什麼？

秋：我雖生爲女兒身，心卻比男兒烈……。

記：所以您自稱「鑑湖女俠」，號競雄；那您的原名呢？

秋：名閨瑾，字璿卿，乳名瑜娘。

記：名閨字璿（ㄒㄩㄢˊ），又瑾又瑜的，很典型的閨閣女子名，想不到卻胸懷大志，欲與男子共比高。

秋：上天造人本來就應平等，憑什麼非要我們足兒纏得小小的，頭兒梳得光光亮亮的，戴著花兒、抹著粉兒，穿著綢兒，而且又紮啊、盤的……，弄得混身不自在。

記：又是嘉麗寶、迷死佛陀、SK two、水嫩水嫩……。

秋：我們只曉得柔柔順順的媚著、巴巴結結的依著，一切都只爲了取悅男子，而不斷的「改造」自己，把一張粉嫩臉蛋塗抹得像京劇裡的大花臉，並美其曰：「女爲悅己者容」。

記：尤有甚者，以懷了「龍」種、「虎」胚、塑「王」胤爲榮，還大刺刺的登廣告、上媒體、訴法曹……。

秋：她們有時表現得心甘情願悶悶地受著，有時卻又如泣如訴，淚珠兒齊下，有時候更是聲色俱厲，有如世紀末即將來臨……。

記：那她們到底要什麼？訴什麼？求什麼？

秋：她們要爲自己得到名份，要爲兒女求個保障。

記：「名份」與「保障」的最終目的爲何？

秋：說穿了，還不是爲了錢，她們不肯憑自身的勞力、智慧、才幹去打拚生活，而只想依賴天賦的色相，過著安逸的日子，跳不脫二千年來女子傍依的習性。

記：在那個封閉的時代，「女子無才便是德」的觀念下，您如何養成膽識和智慧，作爲一個女中豪傑？

家世．里居．婚姻

秋：我父諱壽南，字星侯，號益山。原籍浙江紹興，是個飽學之士。

記：縣裡有個湖泊水靜如鏡，唐朝詩人特命之爲鏡湖，又叫鑑湖。

秋：所以我常自署「鑑湖女俠」。

記：古有明訓「學而優則仕」，「達則兼善天下」，想來壽南先生亦不例外。

秋：嗯！他先後任職於台灣、福建、湖南等省，並任閩侯縣知縣。

記：那太夫人呢？

秋：我母親原氏，系出蕭山望族，亦擅於詩文。

記：您這可真是系出名門，書香家世。

秋：我小時候除了對史詩感興趣外，尤好游俠列傳，特別欽慕《史記》中朱家、田仲、郭解等俠客的作爲。

記：父母是否發覺您這一趨向？

秋：他們看我性格豪邁，且性愛武術，特別請了一位武師教我劍道、騎術，因而躍馬揚鞭於城郊道上，成爲我的「最愛」！

記：一位明眸皓齒，天生麗質，飽讀詩書，寫的一手好詩詞、好文章、好書法；又會騎馬、擊劍、射擊……就算在今日還是很「另類」的女子，至於時光倒退至一百多年前的封閉社會，我懷疑是否有男子足以匹配您的。

秋：登門求親的絡繹不絕，戶限爲之穿，但能合於我雙親眼光就很難了。

記：古人說：「才大難爲用。」想來您註定要晚婚了。

秋：直到二十二歲那年才依父母之命，媒妁之言，嫁給王廷鈞先生。

記：王廷鈞是何許人？能跟您成婚，若非門當戶對，那郎才女貌，一定不在話下。

秋：家父在湖南湘潭「榷運所」（相當於煙酒公賣局湘潭配銷所主

任）任職。當地有個富戶王巘臣富甲一方，又樂善好施，與我父詩酒唱和，時相過往，成了莫逆之交。

記：他有個兒子，美秀俊偉，風流倜儻，又富詩名……。

秋：他名子芳，字廷鈞，是王巘臣三個兒子中最受疼的么兒。您怎麼知道的？

記：自古佳人配才子，這是配對的公式嘛！然後過著只羨鴛鴦不羨仙的日子……。

秋：夫婿雖然溫存體貼，充滿著閨房畫眉之樂，可是王家是個極端守舊的家庭，媳婦們必須遵守「大門不出，二門不邁」的老規矩……。

記：那您豈不像是一隻被關在籠中的金絲雀。

秋：生爲女兒命，有什麼辦法？嫁雞隨雞，嫁狗隨狗，只好暫且隨俗，還好我婚後不久就懷孕，生了個兒子名叫沅德。

記：您在湘潭晨昏定省、侍奉公婆，做了多久的「乖」媳婦？

秋：整整二年。

記：對您而言，這真是困坐愁城，度日如年。

秋：在舊式大家庭下「新婦」是沒有自我的，一切都得仰人鼻息。

記：您如何排遣無聊，發舒心中的幽怨懣憤？

秋：詩乃心之聲，詩可以興，可以怨，這段時日，我寫了不少的詩篇。如：〈春日偶占〉，〈秋日獨坐〉；詠〈菊〉、〈梧葉〉、〈秋雁〉……等。

記：你的詩如泣、如訴、如怨，像「燕兒去後無消息，寂寞當年王謝家」〈春日偶占〉，像「室因地僻知音少，人到無聊感慨多」〈秋日獨坐〉，像「鐵骨霜姿有傲衷，不逢彭澤志徒雄」〈菊〉，像「卻憐鏡裡容貌減，尚爲吟詩坐涵殘」〈梧葉〉……。

秋：有點像閨房怨詩，無病呻吟。

記：這種日子怎麼過得？太折磨人了嘛。

秋：我父母看在眼裡、疼在心裡，不忍心見我過這種度日如年，日形消瘦的歲月，於是與我公公王黻臣商量，花一筆錢爲他的寶貝兒子在北京捐了個「工部主事」的官兒。

記：這下以赴京上任爲由，終於脫離了「家」的枷鎖。

秋：沒錯我們攜了一大筆錢，帶了佣人楚五和香蓮，一家五口包了一艘官船從湘江，經長江，運河直達北京赴任。

記：沿途經過大半個中國精華省分，使您大大的開了眼界。

秋：對！到了北京，我才真正開了眼界。

記：我過去的知識與看法，大多來自書本，現在則是來自十里洋場的親自體會。

秋：北京是天子腳下之地，一方面說不盡的衣羅錦緞，奢侈華美；但胡同小巷的大雜院，像「四塊玉」等地方卻是道不盡的破落、貧窮、骯髒、罪惡……。

記：本來嘛！最光明的時代，就是最黑暗的時代；最繁華的地方，也是最湫隘的地方……這是「社會相對論」。

秋：我在北京前後共住了六年（從光緒二十三～二十九年），還經歷戊戌政變。

記：什麼叫戊戌政變？

秋：光緒皇帝銳意變法革新，採用康有爲、梁啓超的改革方案，引起太后黨反對，結果演變成慈禧復出，囚禁光緒，謀殺譚嗣同等人；康有爲、梁啓超的維新運動才一百天就夭折，所以又叫百日維新運動。

記：接著就是義和團起事，並引起八國聯軍之役。

秋：京城被八國聯軍攻占，姦淫擄掠，無所不爲；慈禧、光緒雙雙出奔西安，這時已經到了亡國滅種的關頭。

記：更不像話的是日俄兩國在中國國內大打出手，清廷反而宣告中立，最後割讓的竟然是中國的土地，中國地面上的鐵道……。

秋：真是「是可忍孰不可忍也！」有識之士莫不憤慨異常，血脈賁張不已。

記：在北京兩度兵荒馬亂，骨肉流離，加上滿清政府之倒行逆施，喪權辱國，給您很大的感觸吧。

秋：我已經從一個「兩性社會改良者」演變成「救國革命者」了。

記：您的夫君王子芳呢？他都不表示意見嗎？

秋：我們是兩個不同時代、不同世界的人。

記：怎麼說？

秋：他滿足於一個捐來的小小京官，沒有IQ，只有EQ，每天紙醉金迷在燈紅酒綠之中，以善於交際應酬爲能事，既不讀書求上進，也不關心家國社稷，我越看他越沒出息。

記：同床異夢的婚姻，終究難以持久的。

秋：我本來想井水不犯河水，你做你的，我想我的，大家互不干涉也就罷了；那曉得，他竟然得隴望蜀，想討一個坤伶爲妾。

記：那不就是在太歲頭上動土，竟敢對女强人提出娶妾的要求。

秋：我不甘示弱，提出分居，要到日本去留學。

記：所以後來您到日本讀書，並加入同盟會，從事革命大業；By the Way，搞革命在中國也可以，爲何非去日本不可？

秋：我在北京六年，創辦「天足會」，到處演說，到處宣傳提倡不纏足運動……。

記：無奈社會風氣保守，以致「說者諄諄，聽者藐藐」，說不定還把您當異類看待。

秋：我認爲放天足僅爲開通女界，女子更須培養學識，求自立，不當事事依賴男子，恢復女子應享之權利與應盡之義務，實行男女平權。

記：你提倡如此先進的想法，時人不把您視爲毒蛇猛獸才怪！

秋：在當時只有「我的朋友」吳芝瑛（吳汝綸的侄女）贊同我的理論，稱我爲中國的羅蘭夫人；我想與其在國內沸湯裏添涼水，不若釜底抽薪的根本之計。

記：爲什麼選擇日本留學，而不去別的國家？

秋：甲午之戰日本以蕞薾小國打敗古老大帝國，國人爲之刮目相看，因而掀起留日狂潮；最主要的是我在北京認識一位在「總理各國事務衙門」（等於現今外交部）任職的陶杏南，他是我父親同事的兒子，娶了個日本太太叫秋子。

記：他們都去學什麼？

秋：鑒於貧、病、私、愚、弱乃國人五大病根，於是士子爭相到日本學工商實業以救貧；學醫藥以救病；學師範教育以救私、救愚；學軍事進士官學校以救弱……。

記：您進士官學校學軍事？

秋：士官學校不收女生，我在東京「中國留學生會館日語傳習所」學了三個月日文，然後進入青山實踐女校學體育。

記：雖不是進士官與師範學校，卻也相去不遠了。您在日本除了讀書之外，如何展開救國運動？

秋：我在秋子夫人的介紹下，很快地打入東京的華人社會，參加了劉道一等人組織的「十人會」。

記：這「十人會」是幹嘛的？

秋：以「推翻滿清，光復中華」爲宗旨；後來又參加馮自由所組織的「洪門天地會」；接著在光緒三十一年（西元一九〇五年）參加孫中山先生組織的「中國同盟會」……。

記：您以一介女性在日本從事革命事業，「萬綠叢中一點紅」，是否特別受人注目。

秋：對，特別受到中山先生的重視，我在正式加盟後，被推選爲中國同盟會浙江分會主盟人，換句話說就是浙江分會會長。

記：您什麼時候回國推展革命運動的？

秋：由於同盟會的擴大活動，使得日本成爲中國革命的大本營，清廷透過外交手段，唆使日本文部省頒佈「取締清國留學生規則」，嚴格控制留日學生的各種活動。我們爲了表示抗議，陳天華同志投海殉身，大部分學生以罷課響應，被迫返國。

記：您就在那個時候歸國的？

秋：我與田桐、石瑛等三十餘人，於光緒卅一年由東京回到上海，經由徐錫麟先生的介紹，參加「上海光復會」，結識了蔡元培等人。

記：誰是徐錫麟？

秋：他是我的表哥，秀才出身；但無意於功名，全心致力於社會公益與教育事業，認爲「大丈夫當創大事業，豈能侷促轅下，以終一身！」

記：後來他怎麼會從事革命，在安慶起義射殺巡撫恩銘的。

秋：他先後出任過山陰縣學學堂堂長（相當現今國中校長），紹興府學副監督（相當教育局副局長），光緒二十七年到日本參觀大阪博覽會，親眼見到留日學生紛紛籌組抗俄義勇軍，這種蓬勃朝氣與熱烈的愛國舉動，大大的感動了他。

記：他如何從事革命？

秋：他在日本期間主動參加各種救國活動，並捐錢聲援國內的救援革命志士被捕活動。

記：回國後呢？

秋：回國時在日本當地購買大批革命書籍，刀、劍、棍、棒武器返國。回國後加入光復會，先後在紹興創辦熱誠小學、越郡公學、大通師範學堂以及書局、出版社……。

秋：他所辦的學校特重體育、軍樂和兵操等課程，他認爲「强國必先强種」！

記：他是中國提倡並力行「軍國民教育」的第一人。

秋：也是組織並利用學生軍起義革命的第一人。

記：這麼說來，他經營的書局與出版社也都以提倡新文化鼓吹革新、革命的書籍囉！

秋：在當時被認爲大逆不道，時遭查封免職，有點像現在的反動書刊。

記：您跟徐錫麟怎麼會有革命的接觸？

秋：我回國後在上海加入「光復會」後，與其他同志創設中國公學用來安置歸國留學生從事革命宣傳活動，辦《中國女報》倡「天足會」；而徐錫麟爲了擴展革命事業，前後兩度捐出巨資謀官，最後總算得了「發赴皖省，以道員候用」的進身階。

記：最後他當了官？

秋：輾轉活動，經過層層介紹推薦到皖省新任巡撫恩銘的手中。恩銘認爲徐錫麟是個人才，便委任他爲「安徽巡警學堂」副辦（相當於警察學校副校長，校長叫「總辦」由巡撫兼。）

記：官雖小，但權很大，有人又有槍。

秋：這時候徐錫麟不能兼顧自己的事業，邀我接辦他設立的大通師範學堂。我好興奮的回到紹興接辦學堂，爲了辦事得心應手，特別先去拜訪知府貴福，並認貴福夫人爲義母，以便到府衙各處走動，便於擴充發展。

記：您這招手腕的確高明，這是跟徐錫麟學的嗎？

秋：官場文化嘛！自古皆然。光緒三十五年二月大通學校開學典禮知府貴福親率山陰知縣李鍾嶽、會稽知縣李瑞年到賀，並題校訓與賀聯：「愛國主義精神」爲橫匾作爲校訓；對聯則爲「競爭世界，雄冠全球」。

記：一府二縣首長親臨致賀，並且明嵌您的號，作爲賀詞，可說榮耀之至。

記：俗云：「好的開始是成功的一半」，後來怎麼演變成抄校被捕身死呢？

秋：徐錫麟奔走聯絡同志，準備在六月初十日，安徽、浙江兩省同時起義，一舉推翻滿清的，那曉得消息洩露，安徽方面只好提前於五月二十六日藉著恩銘到巡警學堂主持畢業典禮時，以雙槍擊斃恩銘率同志陳伯平、馬宗漢及學生三十餘人起義占領軍械所與清軍對抗。

記：結果呢？

秋：由於浙江方面無法同時響應。激戰才一小時就被撲滅，陳伯平戰死，徐錫麟被捕，活挖心肝而死。

記：由於大通師範是徐錫麟的「關係企業」，於是您們被包圍搜查。

秋：他們從杭州領了大隊軍馬，包圍我的學校……

記：其實您大可以三十六計走爲上策，先「閃人」再說，反正沒有直接謀反的證據。

秋：我實在捨不得心血創辦的學校，願與之共存亡；並爲徐錫麟烈士報仇，我率領十餘名在校學生（正逢暑假期間）開槍抵抗……。

記：這無疑的是以卵擊石，結果是在重重包圍下，全數被捕。

秋：還不止呢，他們在倉庫中搜到槍枝六十三支，七千發子彈……。

記：這下真是人贓俱獲，無法脫罪了。

秋：才四個月前一府二知縣親臨致賀，這下同是一府二知縣「三堂會審」……。

記：這下您鐵被判處死刑了。

秋：他們還想從我身上套出更多的口供，於是「天平架」、「老虎凳」、「刺指甲」；甚而押跪火紅的鐵鍊，使我的雙膝被燒灼如同火烤沙

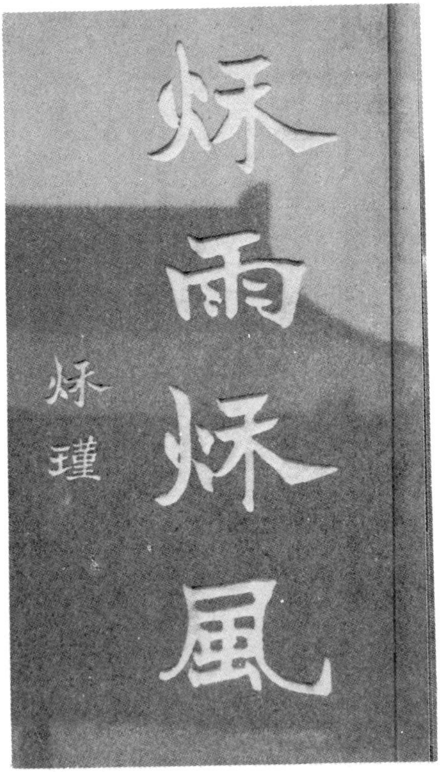

＊秋瑾的秋雨秋風

朗牛排……。

記：他們竟然這麼狠心！可憐的女子，可敬的烈士。

秋：貴福擲下紙筆命我寫下口供，我掙扎著寫下「秋風秋雨愁煞人」七字訣。

記：有什麼涵意嗎？

秋：那是六月初六清晨三點，我忽然間憶起陶濬人的詩句：「人生天地一葉萍，……秋草能爲春草新，秋風秋雨愁煞人，寒宵獨坐心如擣……。」

記：您悲傷革命壯志大業未能完成。

秋：心實不甘！

記：秋烈士您安息罷，四年以後滿清異族終於被推翻，建立了中華民國。

秋：我總算放下了心，不過我最最關心的還是女權運動，女子的地位有沒有顯著提高。

記：現在是民主時代，男女平權的條文，已載入憲法之中，表面上男女確實平等，而且有時還刻意保護提高呢！

秋：實際上呢？

記：根本沒有顯著改善！

秋：爲什麼會這樣呢？

記：馬克思說過：生產工具關係著經濟，它是社會的底層決定一切。

秋：怎麼說？

記：從生產方式的演進看：人類是從「採集生產」經「漁獵、畜牧生產，再到農耕養殖生產到工業生產」……。

秋：……。

記：衆所周知在原始社會採集生產時代，由於不用勞力，所以那時候是母系社會女權至上。

秋：以後呢？

記：不管是漁獵、畜牧、農耕、養殖乃至到了工業生產都要靠勞力生產，全被男人獨霸，女子只好賴色相依賴男子爲生。

秋：真的嗎？

記：君不見一大堆的女星全靠「脫、露、性」而成名，成天地出寫真集、拍A片；更荒唐的是新加坡有個名叫安娜貝兒・鍾的，竟然在十小時內冒著得AIDS的危險，在十小時內與二百五十一個男子完成性交的「金氏紀錄」！

秋：她姓鍾，看樣子還是個華人呢？丟人現眼！這麼說來男女平等之日永遠無法實現！

記：時序進入二十一世紀網路通訊時代，也許女權可以大大的提高。

秋：何以見得？

記：那時候的生產方式是按鍵（電腦）與說話溝通，那可是女人的專長呵！尤其按鍵，女子的速度與準度是男子的五〇〇倍。

秋：但願如此！阿門。

政治篇

寒食日、思子推

～晉文公訪問記～

寡人有疾，寡人好色的晉獻公詭諸，他娶賈姬沒生孩子，卻與他父親武公的侍妾齊姜（原為齊桓公之女）私通，生了個兒子，私下寄養在申氏處，名曰申生；其後又生一女，寄養於賈姬之妹處（長大後嫁予秦穆公為夫人），是為穆姬。一般婚禮賀辭「秦晉之好」，指的就是這件事情。

獻公伐狄，先娶狐氏女生子重耳，又娶虢氏女生子夷吾。獻公五年（西元前六七二年）伐驪戎，獲驪姬姊妹二人，大姬生奚齊，小姬生悼子。一國五公子（當然還有別的公子），熱鬧強強滾。

獻公晚年，專寵驪姬，最愛奚齊，因枕邊人的唆使，逐漸疏遠其他三位公子。由於驪姬的枕邊細語，日夜進讒，於是演出了一齣「太子廢立記」，「王子殺戮記」與「公子復仇記」的精彩戲碼。

現在讓記者一訪當時宮廷鬥爭的主角——公子重耳，亦即日後完成「公子復仇記」而登位的晉文公，來一探晉國的王位爭霸戰的內幕。

複雜家庭，迷樣身世

記：重（ㄓㄨㄥˋ）耳先生您好！謝謝您接受記者的訪問，讓我能獨家報導，我可能因此升爲採訪主任。

耳：除非您答應請客，我才願提供內幕消息。

記：没問題！没問題！要請什麼，儘管説吧！

耳：我要吃那又肥、又油、又香的中壢葱油雞……。

記：難不成您也跟您父親一樣的好色。

耳：不敢！不敢！By the Way！您剛才喊我重（ㄓㄨㄥˋ）耳，不對的，要叫我重（ㄔㄨㄥˊ）耳才對。

記：反正寫没寫錯，那又有什麼差別？

耳：「重（ㄓㄨㄥˋ）耳」是耳朵特別重——打了七、八個耳洞，掛滿了金屬飾物，那是女人的耳朵；我是「重（ㄔㄨㄥˊ）耳」，耳朵雙倍大，亦即雙耳垂肩，這是帝王之象。

記：失禮！失禮！還請多多原諒，多多包涵！

耳：如今一部諸侯世家史，要從何處談起呢？

記：就從晉國受封說起。

耳：晉的始祖乃周武王的兒子，成王弟，虞叔被封於唐（今山西省太原縣附近），由於地近晉水之陽，後改號爲晉。曲沃武公（我祖父）伐晉侯緡，遷都於絳是爲晉武公。

記：武公在位三十九年卒，子獻公立。

耳：這獻公是我父親，大興土木，修築絳城，擴充兵力，征伐南方霍、耿、魏、虞、虢等國，國勢大振，儼然以大國之姿出現。

記：您說的獻公，就是那位一箭雙鵰，專娶人家姊妹花的花花侯爵。

耳：他娶過賈氏姊妹花，都沒生孩子。

記：當然再娶囉！

耳：二度再娶犬戎狐姬、小戎允姬，分別生下我和夷吾兄弟二人。

記：然後呢？

耳：伐驪戎後納驪姬、小姬，分別生下奚齊、悼子二位公子。

記：聽說還有婚外情？

耳：與我祖父武公的侍妾齊姜私通生下一男一女。

記：那男孩是誰？

耳：叫申生，算是夫人賈氏之子。那女孩生下後，被寄養在小賈家（這時大賈已薨），長大後嫁給秦穆公爲夫人，是爲穆姬。另外，我還有三個同父異母的弟弟，也不知是那一位妃子生的。

記：意即您有八位同父異母兄弟，而且，申生還是太妃生的，算嫡長。你的家庭有夠複雜啦。

耳：當時的風氣就是這樣，像魯桓公夫人文姜（乃齊襄公之妹）每次回齊歸寧，都與乃兄齊襄公幽會通姦，被捉後還教公子彭生，製造假車禍把魯桓公害死。

記：兄妹通姦，不成體統……

耳：還有衞宣公和他的庶母夷姜私通，生下急子，後來急子長大娶婦，宣公一看中意，占媳婦爲己有，是爲宣姜。

記：這公公占有媳婦叫「扒灰」！

耳：還有楚成王把他妹妹文芊所生的二個女兒納入後宮爲妃的。

記：這是舅舅納外甥女爲妻嘛！

耳：還有……

記：孔子大罵「君不君、臣不臣、父不父、子不子。」指的就是這幾樁「代誌」！

耳：想來是罷！所以我這一生謹言愼行，目不斜視，就是爲了避去這款「彩色」嫌疑。

記：您這家庭雖則複雜，應該可以和樂相處才對！

驪姬進讒．骨肉相殘

耳：自從家父納了驪姬，生了奚齊之後，這個世家充滿了猜忌、陰謀，甚至鬥爭了。

記：爲什麼？

耳：因爲公子奚齊排行第四，論公爵的繼承順位，申生第一（年齡雖不是最大，卻是嫡長），接著才是我和夷吾，最後才輪到奚齊和悼子。

記：女子以色事人，終非長久之計，若能爲親子爭得地位，方是久安之計。

耳：所以驪姬第一個假想敵，就是太子申生。

記：您和夷吾乃次要敵人。

耳：您怎麼這麼聰明，二千六、七百年前的事件，都能推想得到？

記：這叫做「統戰定律」兩大原則：第一步，聯合次要敵人打擊主要敵人；第二步，分化次要敵人，各個擊破。

耳：夭壽呵！要是我早一點遇到您就好了，我兄弟三人就不會有這麼悲慘的下場。

記：怎麼個悲慘法。

耳：自殺的自殺，亡命的亡命，遂至骨肉相殘，不堪聞向。

記：精彩的故事，何不說來聽聽，一個小女子竟然有這麼大的能奈？

耳：她首先賄賂寵臣梁五、東關五及施優三人，向獻公說：「曲沃（在首都北方）乃君王宗廟所在地，蒲（今隰縣，在西北部）和二屈（今吉縣，在西部）是邊疆要塞，三地均不可無人主持。」

記：爲什麼？

耳：宗邑無主，則民不思源、不畏威；邊疆無主，則戎狄有窺伺之意；於是派申生到曲沃，派我到蒲、夷吾到二屈。

記：說的倒好聽。

耳：目的是分化、支開三位公子遠離政治核心，以便獨親公子奚齊。

記：而且萬一戎狄犯境，正好借刀殺人，解決了您和夷吾二位公子。

耳：說的也是，正是一箭雙雕。

記：結果呢？

耳：哪曉得事與願違，由於在邊疆築城，不但防衛力增强，武力也因而擴充。獻公將上軍，申生率下軍，攻狄、滅霍、亡魏，還頗有斬獲。

記：於是又出別的餿主意？

耳：太子久居曲沃，驪姬教獻公召回述職，一敍母子（理論上驪姬是母后）別離想家之情。

記：獻公照辦。

賜飯、遊園、酒肉、顯現殺機

耳：對！申生應召而至，先拜見獻公、問安禮畢；然後入後宮參見驪姬，驪姬設晚宴招待，言語甚歡。次日申生入宮謝宴，驪姬又留飯。

記：這是很正常的啊！

耳：但是第三天驪姬那妖孽，在獻公面前哭訴：太子對她毛手毛腳，企圖非禮；而且說：既然當年父親可以占有祖父的侍妾齊姜，那他也可以依樣畫葫蘆了。

記：這麼可惡呀，難怪有人說：「最毒婦人心」，獻公相信不相信呢？

耳：申生爲人一向孝、悌、仁、慈，獻公猛然一聽，是不太相信。

記：獻公在愛子與寵妾之間，如何抉擇呢？

耳：驪姬說：王夫不信的話，明日臣妾教太子陪伴遊御花園，君王不妨在高樓上觀看。

記：獻公答應了？

耳：對，第二天驪姬預先在鬢邊塗上蜂蜜，結果在花叢中引來了陣陣蜜蜂圍繞，申生只好不斷的在驪姬後頭，揮袖趕蜂。

記：獻公在高遠處望見，因不明究理，以爲真有調戲之事。

耳：父王不禁爲之勃然大怒，即欲謀殺太子，而驪姬反倒跪求我父王。此事原由驪姬引起，爲免於伯仁之誣；加之宮中曖昧之事，本不足外人道，總有些顧忌。

記：對啊！這跟當年獻公占有武公侍妾齊姜的「劇本」如出一轍，有何計較的。

耳：父王心想：「因果循環，屢應不爽，」也懶得計較！

記：有這款代誌。

耳：過了數日，正逢獻公出獵於翟垣，這時驪姬與優施商議，派人告知申生說：父王夢見齊姜，訴苦飢餓無食，難以度日。

記：申生是個孝子，當然就地（宗祠在曲沃）趕辦祭典。

耳：按照祭禮，祭拜後的胙肉，必須分給有關的人員分享。獻公是被祭者生前的丈夫，又是主祭者的生父，當然少不了一份。

記：問題就出在這塊祭祀過的肉條上。

耳：祭肉與祭酒從曲沃送到首都絳成，已是六天以後的事了。

記：獻公看到後，一定感到很窩心，申生對父親這麼孝順。

耳：父王正要斟酒享用祭肉時，驪姬突然跪下阻止。

記：爲什麼？

耳：驪姬說：「酒食自外來，不可不試！」

記：這酒肉之中，驪姬早就差人下了毒！

耳：那是當然的！結果以酒灑地，地即隆起；以肉餵犬，犬即暴斃，再以內侍試之，也七孔流血而死。

記：可惡的驪姬，竟然如此這般的狠心，這般的毒辣！

耳：驪姬還假裝大驚，大叫狂呼：天啊！天啊！君王已老，太子繼位，是遲早的事，何必這麼急於旦夕。還不斷的哭訴，太子之所以有此謀，全爲了謀王位、占妾身、害奚齊！

記：獻公不由得怒從心中起，決定殺逆子。

耳：御前會議通過派二五（東關五與梁五），率軍二百乘，以討曲沃申生太子。

記：申生怎麼辦？他以兵拒之？

內迫於父母，外困於諸侯

耳：申生是個孝子，率兵抵禦是不可能的。

記：以「熱線（Hot Line）」電話，將實情一一訴之於父王？

耳：他說：「君王年老，寵愛驪姬。非姬氏，居不安，食不飽，君王若聽信申生，勢必誅姬氏，是傷君心；若不獲聽信，則是罪上加罪。」

記：那麼申生趕快出亡，到鄰國避一避風頭。

耳：依申生的看法，豈不是不打自招，承認弒君！

記：可以辦「中外記者招待會」說明原委，隔空喊話啊？

耳：他說：「是彰君父之惡，必見笑於諸侯。」

記：說的也是！如此，內困於父母，外困於諸侯，是爲雙困。那怎麼辦，豈不死路一條！

耳：申生別無選擇，只有上吊自盡，臨死前還遺書狐突（是申生的師傅，也是他的舅舅）說：「君老子少（指奚齊），國家多難，多加輔佐，恩同身受。」北向再拜而死。

記：申生真是忠孝兩全，自古未有。

耳：愚忠愚孝，不但於事無補，反而害事。

記：三公子中報銷了一個，接著當然是對付你和夷吾二人咯！

耳：驪姬不斷在我父面前進讒言，說我們三兄弟是一鼻孔出氣，其餘二人一定會興兵攻擊王城。

記：「太子事變」這件事，您們事先知道不知道。

耳：事先我們想都沒想到有這樣的慘劇發生；事後也沒人告訴我們。直到有一天，我們一起約好覲見父王述職，到關口，才得知「太子之變」……。

記：這下您們進退兩難吧。

耳：兩人商量之後，決定即時回轅，避避鋒頭。

記：那不正好使獻公起了疑心：不辭而去，必是同謀。

耳：父王派寺人勃鞮與賈華分別率師到浦城與屈城，擒拿我們兩人。

記：您跟他對打。

耳：雖然全城上下齊心協力，願戰、敢戰；但我以爲：君父之命，不敢違也，這樣公然抗拒，有違父子之親。

記：您這麼怕驪姬這幫人，未免太懦弱了一點。

耳：我倒不是怕誰，而是名節十分重要，天下那有心目中無父，甚而殺父之君。

記：於是您選擇了出亡一途，那夷吾呢？

耳：他守城抗拒了一陣子，不支，逃亡到梁國去了！我呢？帶了狐毛、狐偃兄弟倆（狐突之子），趙衰、狐射姑、先軫與介子推等人，逃到狄（即翟）國。

記：那狐突不就是申生的師傅，也是他的舅父？

耳：我在十七歲時，即「已」父事狐偃、師事趙衰、長事狐射姑；狐突特別叫他的兩個兒子，到蒲城來通報，並助我出奔。

記：那狐突可真說得上是國之大寶，晉國能一脈相傳，維繫不墜，全靠他一人在運作。

未敢享齊人之福

耳：我帶了壺叔、顛頡、魏犨及先前狐氏、趙氏、介氏等數十人往翟國而去。

記：那年您幾歲？怎麼有這麼多人願意放下官祿，跟著您去流亡。

耳：那年我已四十三歲。晉國主上失德，寵信妖姬，殺害世子，放逐羣公子，已經到了「外無大國之援，而有羣公子之怨，內乏腹心之助，而有抱憤之臣」的地步。

記：很多人「賭爛」，跟著您出走，您在翟國待了多久？

耳：前後總共十二年。

記：怎麼這麼久？

耳：翟是個小國，只能抵擋晉國的攻擊，卻不能出兵助我復國，至於別的小國家，更不敢得罪晉國。

記：您只好窩在狄國，聽說您還結了婚。

耳：翟國爲了使我安心，還把叔隗、季隗兩姊妹賜我爲妻。

記：又是一對姊妹花。對了，順便請教一下。古時候的人怎麼特別愛娶姊妹花，這是一種性變態呢？還是一種時尚？像您父親娶了好多對姊妹花，堯還把娥皇、女英二女嫁給舜；現在翟又要把一對姊妹花嫁給您。

耳：就實際生理、衞生及優生學條件講，二女配一夫是正常的！

記：時序進入二十一世紀，您還敢講這話，您不怕全國婦女同胞蛋洗公館。

耳：您暫且息怒！聽我說嘛！第一：女人家有生理期、懷孕期，還有生產期……更有情緒不安的所謂的「築巢期」……。如果强行一夫一妻制，那丈夫在這個階段怎麼辦？

記：哦！難怪娼妓怎麼禁也禁不了，娼妓還是小事情，那婚外情、走私的、亂倫的，因而引起家變的更多。

耳：怎麼樣？你心動了！

記：我心動而不敢行動。

耳：爲什麼？

記：我是「氣管炎」（妻管嚴）患者。

耳：而且就男女人口就統計數字看，是相當的，但就適婚年齡（女二十，男三十）、依人口金字塔形看，女性適婚年齡人數，永遠是男性的二倍。

記：再加上大陸妹、越南新娘、泰國、菲國妹，台灣的失婚女性會更嚴重。

耳：您在說什麼？

記：我說：難怪《孟子．離婁》篇有所謂：「齊人有一妻一妾」，窮到到處討飯的人，都有兩個老婆。

耳：「女人善妒」這是您知道的！

記：所以盡量撮合姊妹花，好相處；至於非姊妹花，那就妻、妾、媵、婢事先定好名分，免得事後紛爭。

耳：對！對！您這一點就通。

記：還有一句成語：「國家興亡，匹夫有責」，爲什麼單指匹夫。

耳：「匹夫」意即獨夫，指只有一個太太的窮人；換句話說，國家興亡，人人有責，連那種養不起兩個老婆的窮人都有責任。

記：噢，我懂了！我懂了！那您接受了隗氏姊妹花？

耳：流亡之人何敢享齊人之福。我把叔隗賜給趙衰，生子趙盾；我則納季隗生子伯儵、叔劉二人。

記：君臣二人從此安於室家之樂。

耳：無可奈何，只好雛孵一段，待機而動。

記：娶妻生子，住得好好的，又爲什麼要流浪到齊國？

公子流浪記

耳：話說晉國國內，自從太子申生被殺，夷吾和我分別出亡，自然合了驪姬之意，君父死後，年方十一的奚齊即位即被刺殺，接著九歲的悼子即位，亦被殺。

記：王位輪流坐，這下名正言順的，該您回國就位了。

耳：說的也是，而且大臣里克等人，百官具名，奉表勸我回國就位。

記：您的「民調」聲望最高！那您怎麼不回去呢？這是義不容辭的事啊！

耳：我得罪君父，逃死四方。生不得問安侍膳，死不能含視哭泣，何忍乘亂貪國，不如更立他子。

記：您竟然禮讓到這個程度，真是古今少有的例子。

耳：羣臣只好迎立亡命在梁的公子夷吾。夷吾允割河西五城重賄秦穆公，穆公派兵車三百輛，送夷吾回國就位，是爲晉惠公。

記：夷吾？就是那個與您是同父異母弟，當年同被驪姬迫害，逃難到梁的「難兄難弟」。他竟然回國就王位，您們同病相憐過，理應將江山一半與您分享。

耳：他懸賞黃金百鎰，購求我的腦袋。

記：這麼可惡，真是人心難測啊！

耳：利令智昏，一點都不錯。人在利害一致時，膽肝相照，死生相共，但到了利害衝突時，則有我無你，你死我活。

記：人真是個最惡劣、最勢利的動物。

耳：於是我只好再度踏上流浪之途。

記：人海茫茫，何處尋知音契友。
耳：鑑於先前投靠的翟，小國寡民易受大國左右，缺乏自主性。
記：齊、晉、宋、楚、秦是爲當時的「春秋五霸」，找他們自然最安全、最可靠。
耳：當時宋國自顧不暇，楚國遠在南方，秦國才支助夷吾回國……。
記：當然只剩下齊國還有希望。
耳：於是就向齊國出發。
記：您的夫人季隗和二個兒子呢？
耳：當然不能帶走，要季隗等我二十五年才能嫁人。
記：她答應了？
耳：她答應等我！
記：二十五年後，她幾歲了？
耳：五十歲了。
記：五十歲的老女人，還能嫁人？您是存心尋人開心的。
耳：意即不可再嫁人。
記：您倒想得滿周到！

耳：到齊國必先經衞國，衞文公竟然關閉城門而不讓我入城。

記：爲什麼不接納你！

耳：一來一行三、四十人，設宴贈賄，所費不貲；二來怕得罪晉國。

記：所以吃了閉門羹。

割股療飢、死生之效

耳：我們在荒野中趕路，又飢又渴，好不容易碰到一羣農夫正在田間吃便當，便要求分一點。

記：這怎麼可能呢？人家吃飽要幹活的。

耳：說的也是，他們沒有給我們吃的，反而給我們一塊土譏笑我們。正想發火，回頭一想，得土如得國，是個好兆頭。

記：於是您把這塊土搬上車了。

耳：大伙兒只好就地拔些野菜煮食充飢，實在難以下咽！

記：生爲公子，錦衣玉食慣了，當然難以下肚。

耳：就在這時，介子推一跛一跛地，端了一碗肉湯，讓我充飢。

記：荒郊野地那來的肉可吃？

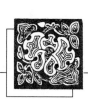

耳：是一碗永生難忘的美味肉湯，事後才知道是介子推割股事君。

記：哇！好感動哦！古人說：孝子殺身以事其親，忠臣殺身以事君。介子推可以稱得上是忠臣了。

耳：我當場感動得流淚，慚愧得無以爲報？心想將來一定好好的回報他。

記：像這樣一路覓食，半飢半飽的終於到了齊國？

最早的流亡政府

耳：齊桓公一聽說我入境，立刻派人郊迎，引入公館，除了設宴款待外，賜宗室姜氏爲妻，分送二十乘兵車，隨行人員也都賜車賜馬。

記：齊桓公爲什麼對您這麼好？

耳：一則桓公向來好賢禮士；二則齊是大國，不怕得罪晉國；三則將來我若復國，可多一個盟國。

記：可見桓公和相國管仲，的確有遠見

耳：既然齊桓公君臣對我這麼周到，我大可安居樂戶，待機復國。

記：那您爲何又要二度流浪呢？

耳：我在齊國待了七年，桓公死後，諸子爭立，國內大亂，及至孝公即位，國力大不如前，看來倚賴齊勢復國，已是大不可能了！

記：您們準備投奔何國？

耳：曹、宋、鄭、楚、秦……都是我的目的地。

記：爲什麼選這些國家？

耳：因爲他們鄰近我的祖國——晉國，以便隨時返國主政。

記：您到了那一國？

耳：我們先到曹國，曹共公竟然拒絕接待我。

記：爲什麼。

耳：三十多人的衣、食、住、行及雜項費用，說實在的也夠龐大的了。

記：曹國君臣的眼光未免太短淺，氣量也太小兒科了。

耳：曹國有個叫僖負羈的大臣，夜訪我的駐地，送我點心、食物與乾糧，俾我旅途不致飢餓；而且還在食品盒中藏有白璧。

記：雖舉國惛惛，有識之士還是有的。

耳：我們只好前往宋國。

記：宋國是否歡迎您。

耳：宋襄公因股傷未癒，難以親迎，命司馬公孫固到城郊遠迎，並安排公館，待以國君之禮，享有「七牢」之禮，贈以二十乘之車。

記：這麼「高檔」的禮遇，前所未有，理應留下。

耳：不過公孫固告我肺腑之言：「公子若憚風塵之勞，敝邑雖小，亦可以息足；如有大志，敝邑新遭喪敗，力不能振，更求大國方可濟耳。」

記：換句話說，宋國可以避難休息，但不足以助君復國還鄉。

耳：對啊，那只好離開宋國，繼續流浪求援。宋襄公實在夠意思，聽說我要走，再行贈送糧、食、衣、履之類的必需品，大家都高興，愈發感覺捨不得。

記：最後您到了鄭國？

耳：鄭文公閉門不納。

記：爲什麼不接納您？

耳：鄭是晉的附庸國，接納我之後，深恐得罪齊惠公夷吾，遭討伐；另外我已年過六十，看在鄭文公眼裡，我已經「嘸舍曉路用」，投資報酬率等於零。

記：這人情之薄，真的薄如春冰。

耳：後來我們只好到楚國求助。

記：楚是南方大國，他會接納您們嗎？

耳：楚成王待我以國君之禮，享我以「九獻」之宴，並且與我一同圍獵。

記：您們相處十分融洽，有若兄弟。他願不願意幫助您完成復國大業。

耳：他不但願意而且十分支持，不過一句：「公子若返晉國，何以報寡人？」把我嚇到了。

記：他的意思是……

耳：言下之意，復國後要我割讓所得的部分土地給他。

記：您沒答應？

報恩還義、退避三舍

耳：土地、人民乃先王遺留，不敢私自送人。不過願與楚王同歡合好，以安百姓；若兩國不幸發生戰爭，當爲楚軍退避三舍。（大部隊行軍每天三十里，休息整隊一次，叫一舍，三舍即九十里。）

記：意即往後晉楚若有戰事發生，晉國願退兵九十里以讓，以報答楚國相待之恩。

耳：這是我對助我復國的恩人，最大的容忍度；我絕不會爲了個人的榮辱，置國家、人民的興亡、死生於不顧。

記：這麼說「退避三舍」的成語，是您首先使用的。

耳：不敢！不敢！

記：您就這樣爲了不損先人固有領土與人民，與楚成王鬧得不歡而散。當然，您必須立即離開楚國。

耳：當時楚王御前會議有人主張將我殺掉，以絕後患，楚王還是很有風度的厚贈金帛車馬，壯我行色，送我上道。

記：事實上，楚晉隔遠，要想送您入晉，還得借道數國，甚爲不便；不若求助於秦，秦晉一水之隔，朝發夕至，甚爲方便。

耳：這時正好秦穆公派公孫枝，報聘於楚王，歡迎我入秦。過了數月，我們一行人就進入秦國。

記：秦穆公見到您，一定十分親熱，因爲您是他的大舅子（申生的妹妹，嫁給穆公爲夫人）。

耳：上次（周襄王二年，西元前六五〇年）穆公本要送我回國即位，只是我不願趁火打劫，搶奪王位；而夷吾則願割河西五城予穆公，所以穆公才送夷吾回晉即位爲晉惠公。

記：您老弟夷吾是否遵守諾言，割五個城池給秦。

耳：夷吾過河後，不但沒有割焦、瑕兩邑（今華山至陝縣一帶地方）給秦，而且還設立防禦工事，以防親家大人。

記：那是當然的了。所以穆公這回返過頭來，派兵支助您回晉。

耳：我到了秦國有如回到外婆家的感覺。秦夫人穆姬（我的同父異母妹）對我十分敬重，穆公又賜我包括懷嬴在內的五個宗室女。

記：您這次的婚姻是親上加親了。

耳：所謂「秦晉之好，累世婚姻」的典故，就是這麼來的。

記：由於穆公夫人穆姬是您同父異母妹，所以穆公是您妹夫；又由於穆公把女兒懷嬴賜您爲妻，他就變成您的岳父了。

耳：還有懷嬴先前乃公子圉（夷吾兒子）之妻，乃是我侄媳婦，現在又成爲我夫人，連我自己也搞不清楚其間錯綜複雜的關係。

記：你們那時候的人，好像不注重人倫關係，難怪孔子要特別强調君臣、父子、夫婦、兄弟、朋友等三綱五常的倫理關係。

耳：穆公强將我與懷嬴「送做堆」。我爲了復國大業，不得不討好穆公忍受這椿「政治婚配」。

記：穆公最後有送您返晉復國？

耳：周襄王十五年（西元前六三七年），晉惠公薨，其子圉即位，是爲懷公。新君登位，大誅老臣，舉國不安。第二年在秦軍護送下，入絳城即位。

記：這時您幾歲？

耳：我四十三歲出亡奔翟，五十五歲至齊、六十一歲至秦，在外流亡十九年之久，回國即位已六十二歲。

記：您即位後第一件要做的是何事？

清明寒食、以報「足下」

耳：行復國之賞。

記：如何賞法？

耳：十九年中凡跟隨流亡者爲第一功，送款濟助者次之，迎降順從者又次之。

記：跟隨您流亡，在飢寒交迫時，割股事君的介之推呢？

耳：他前後跟隨我十九年，有始有終，一直到我過河登基在望，他卻不屑爭功奪賞，離開了大夥兒，與老母一塊兒到綿山隱居，織草鞋爲生。

記：在衆人皆受賞之後，獨獨忘了有救命之恩的介之推。

耳：一定要找到他，重重的獎賞他，以減輕我內心的愧疚。

記：最後您找到他了。

耳：找了好久都沒找到，只好放火燒綿山。

記：爲什麼要燒山？

耳：心想介子推事母至孝，他一定會背著母親逃下山來。

記：結果呢？

耳：母子倆恥於邀功求賞，相擁燒死在一棵大柳樹下。

記：您真是「愛之適足以害之」。

耳：當初也沒想到會弄巧成拙，讓我十分的痛心。

記：那您如何補償？

耳：厚葬介子推母子於綿山之下，並將綿山改爲介山，設縣曰介休縣，永爲記念；把那棵柳樹抬回去做成木靴，天天穿它，天天看到我的「足下」。

記：所以現在書信語中同輩之間的提稱詞「足下」，就是由這個典故而來的。

耳：我還把燒山那天——農曆三月五日正好是清明節的前一天，定爲寒食節。

記：意思是那天不忍舉火，而且家家插柳於門口，以紀念介子推的忠烈。唉！介子推死得總算有點價值咯！

朕即是國家

～秦始皇訪問記～

西元一九七四年三月陝西省臨潼縣晏寨人民公社、下河大隊、西楊生產大隊，因為春耕需水而鑿井，意外地發現了一座「兵馬俑坑」——這是秦始皇壯盛的「地下軍團」，也是全球二十世紀最偉大的考古學發現。

本文的主人公——秦始皇，生前固然窮奢極慾，濫用民力，興土木、造宮殿，「關中計宮三百，關外四百餘」，其前殿阿房宮「東西五百步，南北五十丈，上可以坐萬人」；更為自己死後建立了一座東西長二百三十公尺，南北寬六十二公尺，呈現出面積廣達一萬四千二百六十平方公尺，埋藏著七千多座與實物等身的兵士和戰馬土俑的宮殿，這是另一座地下「秦氏王朝」。

以歷史為鑑，秦始皇被評為暴君苛政；但是他築長城、修馳道、實施郡縣制，統一度量衡、錢幣，書同文、車同軌，建立一個空前的大帝國。「一個中國」的共識一直傳襲至今，歷時達二千二百年之久。

歐洲幅員比中國大陸還小，至今分裂為四十餘國，歷來歐洲有遠見的政治家無不處心積慮想打造一個「歐洲帝國」或「歐洲聯邦」，卻一直停留在「歐市」、「歐盟」階段而不前，正是缺少像秦始皇這樣一位大刀闊斧、開創新局的霸王人物吧！

現在，就讓我們一訪將「皇」與「帝」兩個尊號合併在一起的「始皇帝」！

細數嬴秦·來龍去脈

記：大皇帝！大皇帝，請稍歇一會兒，接受記者的訪問。

政：您是看了國立歷史博物館「秦兵馬俑展」，才察覺我的存在，至於平日則不聞不問的吧！

記：話不是這麼說的，俗語說「打鐵趁熱」，身爲一個新聞從業兼文

*秦始皇像

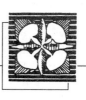

字販賣者，更必須有這個認知；否則在這個經濟不景氣，失業率創新高的「新」政府時代，不餓肚子才怪！

政：也罷！就算不爲你著想，我除了當年創造「地上王國」，死後建立「地下王國」外，如今我也樂得再創一個「媒體王國」。

記：千頭萬緒，話匣子從何而始？

政：讓我從「根」說起吧！

記：聽說您的祖先「非我族類」——華夏民族，而乃是西戎之遊牧蠻族。

政：我先祖「女脩」乃五帝顓頊之女，她吞大烏鴉（玄鳥）之卵，生子「大業」。

記：慢點，慢點！人家的先祖都是男的，您的祖先怎麼會是女的？而且吞玄鳥之蛋就會生孩子，這比「神用地上的塵土造人，將生氣吹在鼻孔裡，成了亞當；又取下他的一條肋骨，又把肉合起來……造成了一個女人，亞當給她起名叫夏娃！」還荒唐！

政：你別忘了，洪荒時代是以採集爲生，人只知有母而不知有父，我的始祖當然是 Female 囉！而且生孩子的秘密是「天知、地知，你知、我知」的事，那就不必說得太明白了。

記：是、是「吞鳥卵」的事，我已充分的了解而「心」領「神」會了。

政：大業的兒子生「大費」，助禹治水有功，帝舜頒給「黑玉勛章」（玄圭）一枚暨「黑色獎旗」（皁旒）一面，並賜宗室如姚氏爲妻。

記：有没有給他「頭路」，否則何以爲生。

政：他是舜時的「國家動物園園長」，又名柏翳。

記：動物園園長不好幹罷！一會兒企鵝下蛋，胎死卵中；一會兒又口蹄疫的不勝其煩。

政：由於「鳥獸多馴服」，加之「善養息之」，畜口日增，因而賜姓爲「嬴」。

記：這麼說來，你們也是華夏民族的一支，而且一直受到「國家主席」——舜的格外照顧。

政：而且徐、江、黃、郯、莒、沈、穀……等姓，也都得之於嬴姓呢！

記：我了解了！由於長期職業的關係——生養並調教牲畜，所以才漸漸演變爲遊牧民族。

政：那純粹是職業的分工，而非種族的差異。

記：後來呢？

政：到了周孝王（西元前九五四至九二四年）時，嬴氏第十六代非子，奉命替皇家養馬於江渭之間的秦邑（今清水縣秦亭村），故曰「秦嬴」。

記：如今從地圖上看：秦嶺、秦安、寶雞、鳳縣、鳳翔、麟游、鳥鼠山……等地名由來即因此！

政：意即我嬴氏在秦地經營國家公園。

記：防邊、畜養牲口、國防戰馬，兼而有之就是了。

政：直到周幽王被犬戎殺於驪山之下（周幽王十一年，西元前七七一年）……西周遂亡。

記：周幽王被殺是個什麼事件？

政：幽王荒淫無道，寵其愛妃褒姒；褒姒生子伯服，幽王便廢掉申后立褒姒爲后；接著又廢申后所生太子宜臼，而立伯服爲太子……。

記：這是一場「宮廷政變」釀成的流血亡國事件。

政：申后之父申侯聞之大怒，便聯合犬戎興兵，攻擊幽王，殺之於驪山之下……。

記：噢！我記起來了。褒姒就是那個不輕言苟笑的「石膏美人」，幽王爲了引她一笑，點烽火召諸侯勤王，每次諸侯錯愕而來，茫然而歸時，褒姒卻開懷大笑的故事。

政：經過這次戰亂，犬戎虜劫了財寶、婦女西去，鎬京（今長安縣西南）殘廢不堪……。

記：史書記載，申侯便聯合晉、衛、秦、鄭等諸侯，共立原太子宜臼（即申侯之外孫）爲王，是爲平王，遷都於雒邑（今洛陽），是爲東周。

政：幽王的被殺與平王的東遷，對周王室而言，是其勢力由强轉弱，由實變虛的重要關鍵。

記：從此中國進入了持續五百年的春秋戰國時代，形成了政治與軍事的割據局面；周天子成爲象徵性的虛位天子。

政：在秦國來講，時當「非子」第六代孫「襄公」，在這段宮廷政變之中，因勤王（平王）有功，正式被封爲諸侯，賜原西周岐山之地。

記：這就是後來春秋五霸——齊、晉、宋、楚、秦中秦的雛形。

政：從襄公傳了七代到秦穆公時，得晉人百里奚與宋人蹇叔之助，自此稱霸諸侯。

末路王孫．質押在秦

記：剛才談的都是「秦本紀」，現在該説説您自己了，據説您的誕生和即位，充滿了曲折與刺激。

政：話説從穆公下傳三百五十年至昭王，他大事擴張，東征西討，連年伐韓、破魏、攻趙，尤以周赧王五十五年長平之戰，我國白起將軍坑殺趙卒四十餘萬人，隔二年又圍趙都邯鄲，讓我爸爸覺得很難堪。

記：國與國之間的戰爭，跟您爸爸又有什麼關係？

政：國與國之間的戰爭停火之後，免不了簽訂和約、交換「質子」以保障和平。我父名叫異人，就是以質子的身份質押在趙。

記：他爲什麼叫異人，是長得很醜很難看，像「鐘樓怪人」一樣？還是四肢殘缺，五體不全？

政：當時的秦王是昭王，太子安國君。安國君有子二十餘人，我父異人之所以被叫異人，倒不是失手缺腿的，而是最不得人緣，最不被安國君所喜愛。

記：小小年紀遠適異國，爹不疼娘不愛的，來日他可不可能回國承繼大位？

政：當下處境的艱苦，可用生不如死來形容，更別說想回國承繼世子之位了。

記：您可不可以試想一下令尊在當時可能的情況。

政：質子是春秋戰國時代，各國互派公子、王孫到他國當人質，有如現今的公使、大使。這些「質子」的安危往往「託於不可知之數」，假如母國背約，立刻「身爲糞土」。

記：我了解，由於秦屢次攻打趙國，處於戰爭狀態，於是對質子的給養、津貼、公費……等都中斷，生活往往陷入困境……。

政：而且駐在國當局亦極盡侮辱、歧視之能事。

記：所以那種難堪的程度，正如您所說的：「生不如死」！

巧遇貴人·質子翻身

政：還好我父親碰到他這一生唯一的貴人——呂不韋！從此進入佳

境，進而一步登天。

記：呂不韋是何許人也？

政：他原是韓國人，往來於韓、趙、魏、秦四國之間，從事於國際貿易。

記：他麥克、麥克很有錢？

政：那是當然的事。人生百態，總不外「利」和「名」這兩檔！有道是：「求利當求天下利，求名當求萬世名。」尤其發了橫財之後，當然要去問鼎政治——或競立委、或選縣長，甚至涉足兩岸關係，一觸「帝王之業」！

記：那麼人見人呸的異人，在呂不韋的眼中不就反成了奇貨可居的稀世珍寶。

政：在商言商，呂不韋自有他的看法。

記：所謂「烏龜啃大麥」，他要如何下手進行？

政：他拿出一千兩黃金，以其中的五百兩，替我父親異人租一豪華巨宅爲公館，添購家具、車馬、衣物等行頭；然後介紹趙國的皇親國戚、內閣閣員、國會議員及工商大老給我父親異人認識。我父親從此三日一小宴、五日一大會，日日笙歌，夜夜飆舞。

記：哇塞！異人的政治地位，立刻連續三、五個「漲停板」，竟然居高不下。

政：悟呷、悟呢，擱悟掠，人性之貪，不在話下。

記：佛曰：捨得，捨得！呂不韋他要「得」必先「捨」！

政：然後他又拿了五百金，在關內（函谷關）蒐集奇珍異寶、鑽戒、瑪瑙等，到秦國透過華陽夫人的姊姊和弟弟，將禮物貢獻給華陽夫人。

記：誰是華陽夫人？需要這麼巴結她！

政：未生公子的華陽夫人乃當今秦昭王太子安國君的寵妃！

記：「擒賊先擒王」，花錢要花在刀口上！

政：他進一步的勸說「華陽集團」，要想保持優越的政治權勢於不衰，必須鼓動華陽立我父親異人爲嫡嗣以代「子傒世子」。

記：好一段移花接木的宮廷政治鬥爭。

七月豹子頭．悲慘童年

政：接著呂不韋又替我父成家。

記：如何成家。

政：把他最寵愛的歌姬「趙姬」，送給我父爲妻……。

記：據說他倆結婚才七個月就生下了孩子……。是個早產兒？

政：那就是我！取名「政」。你看我！頭大、身小，鴨嘴鼻、雞胸，天才……我是個標準的「七月豹子頭」。

記：可是司馬遷在《史記》中暗示：呂不韋與趙姬有了身孕之後，才把她與您父親異人「送做堆」的。

政：這司馬遷也真是「雞婆」得過分，毀壞了我母的名節，我站在孝順的立場，絕不承認！

記：多管閒事的司馬遷，終於得到報應了——被漢武帝割去了卵葩。活該，不過您又爲什麼喊呂不韋爲仲父，喊得挺親熱的，這不是不打自招了嘛！

政：他們從小教我這麼喊的，喊慣了，改不了口。

記：後來呢？

政：昭王五十年（西元前二五七年），秦將王齮圍攻趙都邯鄲，趙國要殺我父以爲報復。

記：那你父豈不「穩死」了！

政：呂不韋當下再拿出六百兩黃金，賄賂看守城門的人……。

記：有用嗎？陣前放走敵人是唯一死刑！他敢嗎？

政：有什麼不敢？六百兩黃金足夠他吃三輩子，超過他的退休金何止十倍、百倍，乾脆跟著一起「閃」了。

記：哇！黃金無價，黑金有理。刮民黨萬歲！民金黨萬歲！台灣蓮霧黨萬萬歲!!!

政：華陽夫人乃楚人，無所出，呂不韋叫我父親異人身著楚服晉見夫人，夫人見之大喜，改名爲「子楚」。

記：你父得以逃歸，但您以及您母親流落在趙國，還是不安全。

政：「王子犯法與庶民同罪」，但平民犯法，罪不及家人。還有，呂不韋豈是省油的燈？

記：就像台商在大陸犯走私、間諜等死罪，罪不及「大陸妹」及其小孩是一樣的道理。

政：理論上他們永遠受著「祖國法律」的充分保障。六年後（西元前二五一年）昭王崩逝，太子安國君繼位，是爲孝文王，我跟我母親才回到秦國。

記：在趙國的九年，是您一生之中最悲慘的歲月——等於是寡母（守活寡）養孤兒一樣被人欺負。

政：這筆童年仇恨，我一筆筆的把它記下來，自會找機會一點一滴的以牙還牙，以眼還眼的討回公道。

記：根據史書推算，您九歲回到祖國，這時候的執政者是您的曾祖父——昭王，依照「父死子繼」、「兄終弟及」的倫理秩序，經祖父到父親，至少在六十年（每人在位二十年計）或九十年（每人在位三十年計）以後，您才有希望繼承，何況單只昭王在位就五十六年，人壽幾何？您將何以堪？

功過五帝．地廣三皇

政：說也奇怪，我回國方一年，曾祖昭王便以七十三歲的高齡駕崩了……。

記：接著您的祖父安國君繼位爲孝文王……。

政：才三天便死了。

記：現在輪到您的父親繼位爲莊襄王。子楚當年在趙國曾經許諾過呂不韋：「得分秦國與君共之！」

政：我父以呂不韋爲丞相，封文信侯，食邑洛陽十萬戶。

記：呂不韋位極人臣，他當年的「政治投資」，現在總算得到大豐收。

政：不過我父也只幹了三年便死了。

記：您以十三歲之稚齡接掌大位。By the Way 您有沒思考過一個問題？

政：什麼問題？

記：您才回國一年，您的曾祖父死；以後接著三年，祖父、父親相繼而亡……。

政：言下之意，我這「七月豹子頭」是天字第一號的大剋星。剋天、剋地、剋祖、剋父……？

記：我懷疑他們不全是「壽終正寢」，或多或少是被人下毒的！

政：你的意思是呂不韋下的毒？

記：除了他，誰還有這個能耐？

政：他又爲了什麼？他已是個擁有半片江山的大相國，他還有什麼不滿足？

記：他要使您髫齡即位，以便掌控國政。

政：喔！我想起來了！我十三歲繼位，尊呂不韋爲相國，號爲「仲父」，委以國政。他還效法齊之孟嘗、趙之春申、楚之平原、魏之信陵四大公子，養士三千，著有《呂氏春秋》一書。

政：您讀過《呂氏春秋》嗎？那是集儒、道、墨、法、名、農、陰陽、縱橫各家學說的經典之作。

政：我當然讀過，我從二十歲起他就逐日逐句教我背誦，什麼〈貴信〉、〈去私〉、〈知士〉、〈順民〉、〈審時〉的……。

記：這是一本講述帝王之術的書，他要爲您立下政治與行政的典範。

政：有道是「英雄何必讀書史」。我是個曠世天才，呂不韋不見得比我行；尤其當我讀到〈貴公〉篇：「天下，非一人之天下也，天下之天下也……萬民之主，不阿一人。」我就怒從心中起，火向腦門衝！

記：爲什麼？

政：天下原就是我個人的天下，沒有人可以與我共享。我可不像我父親那樣軟弱！

記：難怪您在歷史上被認定爲暴君，統一天下才十五年就亡了。您自以爲「功過五帝，地廣三皇」，自號爲「始皇帝」，二世才三年，就永遠沒有三世，您現在有沒有很後悔，不肯熟讀《呂氏春秋》。

政：「不在乎天長地久，只在乎曾經擁有」，我不後悔，我畢竟爲歷史立下了永久典範。

記：您在歷史上的定位，除了暴君之外，還是暴君，歷史的巨輪，永不停止對您的撻伐。

郡縣制度．有效官僚體系

政：我是歷史上第一個完成「祖國統一大業」的君王，建立中央集權的行政機構，賡續了二千多年。

記：是怎麼樣的中央政府制度？

政：設三公九卿。

記：是那三公？

政：三公就是丞相、太尉及御史大夫……。

記：丞相爲朝中羣臣百官之統領，有如現在的行政院院長。那太尉呢？

政：太尉又稱國尉，金印紫綬，執掌武事。

記：有如現在的三軍參謀總長。那御史大夫呢？

政：銀印青綬，次於丞相位列副丞相。

記：有如現代監察院院長。那地方政治制度如何呢？

政：郡相當於後來的省，設郡守、郡尉、郡監。

記：再下來呢？

政：縣設令（萬戶以上）或長（萬戶以下）、尉、丞。

記：然後呢？

政：鄉設三老（掌教化）、嗇夫（聽訟、收稅）、游徼（徼巡、禁盜賊）；亭、里設亭長、里正。

記：據說保甲法也是您創的？

政：每五家稱「伍」；每二伍（即十家）稱「什」；每百家稱「里」，里設里長（又叫里魁），每十里設「亭」，亭設亭長，每十亭成「鄉」。

記：可以說構成了一部綿密完整的統治機器。

政：我還頒布了統一的制度：統一法律、統一度量衡、統一貨幣、統一文字……。

記：一個有效率的「新」政府，難怪能在短時間內，完成統一祖國大業。

政：外加廢井田開荒地，興修水利，修建馳道、移民實邊等的配套措施，使得秦國國富民强、達於顛峯。

記：處於春秋戰國、諸侯割據、爭戰不斷的時代，人民深受顛沛流離之苦，國家正需要統一，您順應歷史潮流，奮起西秦，併滅六國，自然受到歡迎。

政：「中興以人才爲本」，我西秦自孝公（西元前三六一年）即位，下令求賢，以商鞅變法，開始强大，至惠文王用張儀連橫之策，大將司馬錯取巴蜀，至武王以樗里、甘茂爲左右丞相，伐韓取宜陽，至昭襄王時，先後以魏冉、范睢爲相，採遠交近攻之策，執楚王、圍趙、滅周，已奠定了統一六國之基礎。

記：到了您的手裡，既有長於謀畫之李斯、尉繚，又有能征善戰之王翦、蒙恬，統一大業簡直是摧枯拉朽之事。

政：我親政不到二十年，就完成了前所未有的「祖國統一大業」……。

記：連司馬遷都不得不承認您「德兼三皇，功過五帝」，集三皇五帝之榮耀於一身，自號爲「始皇帝」，以示繼之而來的二世、三世，以至於萬世一系於不墜。

政：我歌唱，我歡笑！朕者政也、政者朕也，這個「朕」（我也）成爲我的專利，我的一言一行甚至放個屁，都得稱「制」稱「治」，廢除「謚」法……。

記：說的也是！怎可反過來子議父、臣議君，那豈不是「大不敬」的行爲。

政：爲了統一思想，除了《秦記》、醫藥、卜筮、種樹等實用書籍可以保留續存外，其餘的《詩》、《書》、《百家語》……等無病呻吟的勞什子通通讓我給燒了，看了就礙眼，我也不喜歡看。

記：您真的很沒趣，不識風雅，難道沒有人抗議？

政：不知死活的侯生、盧生竟敢公開的批評我，我下令殺無赦。

記：殺了多少人。

政：殺了四百六十多人，後來連藏書的人也殺了。

記：豈不殺得天昏地暗，刀鈍手軟？

政：叫他們自己挖坑，各自活埋！

記：您是「DIY（Do it yourself）主義」的發明者。

全民皆反．王朝翻覆

記：統一天下，志得意滿之餘，您會不會覺得「再也沒有敵人可以征服」，是一種人間寂寞。

政：我可要好好的享受一下……。

記：如何享受？吃穿是有限的，總不能吃到撐死，所謂良田萬頃，飽不過三碗；錦衣三千，總不能一身穿。

政：所以我大興土木，修築宮殿……。

記：所謂廣廈千間也不過一床眠而已！

政：我每滅一個國家，就繪製他宮殿的構圖，然後在咸陽附近八百里寬廣的地方仿建，外加離宮別館、樓台殿圖，美不勝收，數不勝數。

記：大概有多少數量。

政：關中計宮三百，關外四百餘，光咸陽附近宮觀就有二百七十餘，而且各殿屋之間以複道（天橋）相連，即使在風雨天都不會妨礙我的行樂。

記：據說您把原先六國宮中美女萬餘人，以及鐘鼓樂器玩好全集中在咸陽，供您一人享樂？

政：那是理所當然的了。而其中又以阿房宮最爲雄偉，它座落在驪山之下，光前殿的規模，東西寬五百步，南北長五十丈，殿前廣場集天下銅器設十二銅人；殿後有複道跨渭水達咸陽宮……。

記：這是您的空中閣樓，有如星雲法師的佛光山叢林，極其金光閃閃之能事。

政：我還在驪山另一端建了座東西長二百三十公尺，南北寬六十二公尺寬，廣達一萬四千二百六十平方公尺，埋藏著七千多座與實物等身的士兵、戰馬（車）、土俑與弓矢器用、財寶……等等的下宮殿。

記：這是您的地下「秦氏王朝」，完全比照現狀實景。

政：我是有史以來第一個創立「三度空間」王朝的英主。

記：這下您該滿足了。

政：大權在握，享盡人間歡樂以外，我還想求長生不老。

記：於是那些占卜、星象、通靈通仙、裝神弄鬼之士蠭擁而來，以投您所好。

政：有個叫徐市（音福）的騙子，當我巡行到達山東瑯邪之時，鼓其三寸不爛之舌，說東海之中有蓬萊、方丈、瀛洲三座仙島，上有仙人、仙草……。

記：您相信他的鬼話？

政：「寧可信其有，不可信其無」，我立刻撥船隻、工具、財貨、食物，派出三千童男與童女隨之入海求仙。

記：結果呢？

政：這個騙子一去不回！

記：他早已在東海之外，建立了一個萬世一系的日照大帝國——就是日本。他的子孫還發動了二次侵華戰爭。

政：原來他移民到日本了。

記：熊野地方，至今仍有他的墳墓在。

政：我要是抓到徐市，我一定把他碎屍萬段，用打漿機把他打成肉末、肉醬。

記：算了罷！「求長生、找仙藥」，是您至死不悟、一場自欺欺人的鬧劇。後來您還不是繼續叫燕人盧生去找羨門、高誓二仙人；還直接派韓終、侯公、石生從事尋仙活動。

政：你不要把我說成昏庸無能，好像專搞迷信似的，其實我統一祖國之後，以咸陽爲中心，建立了全國的水陸交通網，使得國家統一的基礎更加鞏固。

記：有嗎？

政：我從咸陽修築了：東到燕（今河北、北京一帶）、齊（山東半島及沿海一帶），南至吳、楚（長江中下游及沿海一帶）的馳道。

記：這「馳道」想當然耳，一定是既寬、又直、且平的囉！

政：那是當然的事，路面寬五十步，沿路邊每隔三丈（約九公尺）植松樹一株，又從楚地沿湘江南下至灕水鑿「靈渠」（三十四公里長的人工興安運河），使得長江水系與珠江水系得以相連，不但征服了百越，還建置了南海（廣東）、桂林（廣西）與象（今北越地區）三郡。

記：您把原本的兩條江以靈渠溝通，直達越地。

政：使得「二水相離」。

記：我懂了，所以一頭叫湘江，一頭叫灕江。不過二江水位高低不同，如何溝通。

政：我用水閘調節法，使船隻通行無阻。

記：巴拿馬運河的水閘通行法，沒想到您早在二千多年前即已使用過了。

政：你現在才知道我的偉大！

記：＊@＃★！

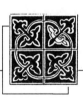

開萬古未曾有之奇・極一生無奈何之遇
～鄭成功訪問記～

翻開一部中華民族史，其中的「歷史人物」或「民族英雄」，不論就文武、周公、吳越兩主而言，或就秦皇、漢祖、曹操、孫權、諸葛、司馬而論，乃至唐高、宋祖，及至近代的曾、胡、左、李，郁郁乎，一長串的「內戰英雄」。

「勇於內鬥，怯於外戰」也許是大漢民族偉大特質之一，降及近代，自袁世凱以下的軍閥三傑：龍（王士珍）、虎（段祺瑞）、狗（馮國璋），其輝煌之「戰果」，無不超越前輩。

蔣介石、毛澤東兩氏，更是「內戰英雄」的兩大「天王巨星」，死纏活鬥達半個世紀之久。其手創的「黃埔革命軍」以及「人民解放軍」，革來革去到底革了什麼人的命？又「解放」了那個人民？置國家民族命脈於不顧，唯個人成敗盛衰為前提。

「遠征緬甸」，「抗美援朝」，「膺懲越南」，到底是為國干城、或是做了帝國主義的鷹犬？對古老的祖國，可有寸土尺地之獲？對苦難的華夏之民可有一絲半縷之利？

中國歷史上真正的民族英雄是鄭成功，他是中國人第一個收回帝國主義侵略失土的民族英雄。讓本刊記者一訪國姓爺鄭成功先生。

系出河洛·中日混血

記：今天是台灣自荷蘭殖民帝國主義下光復（西元一六六二年二月一日）三百四十周年紀年日，國姓爺！請接受本記者的訪問。

鄭：我這輩子乃「極一生無可奈何之遇」，也不知從何談起？

記：趁這個機會，來段「尋根」活動如何？

鄭：我是福建省南安縣石井鄉人……

記：根據河洛人的歷史背景，你們原本也是中原民族，爲避黃巢之亂（西元八七五～八八四年）而南遷。

鄭：由光州固始（今河南省）南遷福建、莆田、到南安，是爲南來開基始祖隱石公。

記：由隱石公到令尊飛黃芝龍公又經過了幾代？

鄭：我父乃南遷第十一代。

記：那您一定是在泉州府南安縣出生的了。

鄭：那可不見得？

記：何以故？

鄭：我父排行老大，下有四弟：芝虎、芝鵬、芝鳳、芝豹。他孔武有力，又好拳棒……。

記：性情蕩逸，貪玩好賭，娘疼爹不愛的……。

鄭：你怎麼知道的？

記：這是一般浪蕩子的必然公式。

鄭：他十八歲時離家出走，到香山澳（今澳門）投靠母舅黃程爲生。

記：您舅公家以何營生？

鄭：那時候的澳門已是葡萄牙勢力範圍。當地人隨著葡人從日本、朝鮮、台灣、廣東、菲律賓、中南半島、馬來、印尼、印度……等地從事國際貿易。

記：令尊就跟著黃家「討海」，走江湖了。

鄭：明朝天啓三年（西元一六二三年）五月，我父幫我舅公押運一批貨物到日本長崎，便在日本落戶。第二年七月十四日，我就出生於平戶（今長崎縣松浦郡）河內浦千里濱。

記：據史籍記載令堂翁（田川）氏，乃日本女子。套句時髦語，她乃是令尊在日本的「包二奶」。

鄭：我父是時年方二十，在中國尚未娶親，既無「大奶」，何來「二奶」？你不要亂給我母親「穿小鞋子」。

記：我感到納悶的是：您母親既姓翁又爲什麼叫田川氏呢？

鄭：她原是日本人姓田川，從小被一個歸化日籍的泉州鐵匠翁翌皇收做養女，當然就改姓翁了。

記：這麼說來，您是日本人的小外甥了。難怪每次我去日本，日本人最津津樂道的就是您和孫中山先生了。

鄭：因爲我是日本人的外甥。

記：孫中山則是日本人的女婿；他有一個私生女叫宮川富美子的，當年我在日本還見過她一面。

據台為寨·海盜維生

記：回憶一下您在日本的情形如何？

鄭：當時由於中國實施海禁，西洋人葡、西、荷、義諸國都以長崎爲進入東方貿易的口岸。加之日本西南諸侯，爲了富國强兵，對歐洲人的貿易特別歡迎。

記：據說以長崎爲中心的平戶地區，已成爲當時東西國際貿易的最大港口之一。

鄭：我國沿海廣（東）福（建）人士，趁西南洋流（春去）與東北季風（冬回）之便，紛紛下海到日本討生活。

記：大都從事何種行業？

鄭：大都以跑船討海爲生，「三刀」行業更是應運而起，一枝獨秀。

記：何謂「三刀」？

鄭：所謂三刀：意即菜刀（廚師）、剪刀（裁縫師）與剃刀（理髮師）。

記：這是我華夏民族的隨身之技，是移民社羣民生必需，足以餬口養家，進而安身立命。

鄭：我父在日本由楊天生介紹，認識了顏思齊（振泉）先生。

記：誰是顏思齊？他也是三刀之士？

鄭：他是旅日華人領袖，原先以裁縫爲業，後來累積財富，仗義輸財之餘，逐漸成爲華人頭目，名爲「甲螺」。

記：「團結就是力量」古有明訓。他們是否歃血爲盟，結幫成派？

鄭：自顏思齊、楊天生到我父芝龍先生，成就二十八天罡。

記：在這龍蛇雜處的國際社會中要求得自立、自保，他們有沒有更進一步的Ambition？

鄭：日本地廣海闊，上通遼陽，北使直隸，下達閩粵、交趾。魚米之所，若得佔據，足以自霸……。

記：他們有心建立海外「華人之國」。

鄭：於是預定在明朝天啓四年（西元一六二四年）八月十五日舉事，開創一華人新天地……

記：結果呢？

鄭：由於事機洩漏，顧、楊等人於八月十四日率衆搭船逃離日本，經過八個晝夜來到台灣。

記：從此據台爲王？

鄭：顏將徒衆分爲十寨，寨各有主，以台灣爲基地，掠海爲生。

記：您父親是十個寨主之一？

鄭：當然是！而且是人最多、勢最衆，財最足的一寨。

記：那時候您在那兒？

鄭：我那時候才過滿月，只得與母停留在長崎。

記：你們身爲「叛亂份子」的眷屬，不用「走路」？

鄭：「台胞」犯法，罪不及「包二奶」及其子女。

記：天理國法，真是古今一同！後來呢？

鄭：天啓五年九月，顏思齊至諸羅山（今嘉義地界）打獵得風寒，遂一病不起……。

記：您父親就接收了他們的部衆。

鄭：我父自然而然的繼承爲領導人，號「一官」。屬下分爲十七組線，全以「芝」字任命，集體領導、整體帶動，成爲海上王國。當時福建沿海正鬧飢荒，人民處於水深火熱之中，正待揭竿而起之時……。

記：明政府對你父不聞不問？

鄭：泉州巡海道蔡善繼過去任泉州知府時，家父曾擔任過他的庫吏。

記：他們之間有過「第一類的接觸」。

鄭：崇禎元（西元一六二八）年九月，我父接受巡撫熊文燦之招撫成爲海防游擊。

記：令尊由海盜頭頭一躍而爲明朝海軍軍官。

鄭：十年間，他不但討平羣賊、收服海盜，並擊潰來犯的荷蘭軍，於崇禎十二年八月晉升爲福建總兵。

記：是時鄭家海上王朝的勢力有多大？

鄭：凡往來東南海上船隻，只要豎起鄭氏旗幟即可通行無阻，明廷更倚我父叔輩爲「八閩長城」。

記：這「鄭氏旗」有如海上護照一般。他們要交繳「規費」嗎？

鄭：每船三千金，歲入以千萬計……。

記：你們是既富且貴了。

自日歸國・進學科考

記：說說您小時候的事情罷！

鄭：有一天我母親大著肚子，正在河內浦千里濱的海濱撿拾文貝爲生，由於忽而蹲下、忽而起立，突覺肚子痛，來不及回家，就在一棵松樹下、大石邊生下了我。

記：直到現在那兒還有一塊「兒誕石」，用以紀念您的出生。

鄭：所以我小時候就叫福松。由於父親遠走台灣，我七歲以前與母親相依爲命，對父親無甚印象。

記：您在日本有進學嗎？

鄭：由於身體結實，學過二年日本劍道與刀法。直到崇禎三年我父任明朝海防游擊，生活安定後，才遣人接我回國。

記：父子相見，必是恍如隔世吧？

鄭：父親爲我命名「森」。

記：可有特殊意義。

鄭：因爲我儀容雄偉、聲音宏亮，有如一棵大樹。

記：難怪您的字叫大木。

鄭：那是我的老師錢謙益在我年居二十歲時替我取的。

記：令尊沒讀什麼書，當然會期盼您在科考功名上有所成就，以光耀門第，所以讓您就名師、攻科舉。

鄭：我也不負所望，十五歲那年，以優等成績考取南安縣「生員」。

記：以後有沒有繼續在科場謀精進？

鄭：實際上我志不在此，我平日喜歡讀《春秋》與《孫子兵法》，又好舞劍騎射……。

記：閣下是「濟世雄才，非科甲中人」。

鄭：在我十一歲時，老師曾以〈灑掃應對進退〉爲題，命我作文。

記：您把朱柏盧治家格言：「黎明即起，灑掃庭除，要內外整潔。既昏便息，關鎖門戶，必親自檢點……」照鈔一遍就是了。

鄭：我說：「湯武之征誅，一灑掃也；堯舜之揖讓，一應對進退也。」

記：您這政治意識特濃，豈不把人嚇一跳。

鄭：儘管我有心報國，想做一番大事業，但國事日非，請纓無路呀！

記：崇禎十七年三月十九日，李自成攻進北京，明思宗（即崇禎帝）在煤山自縊後，接著清兵入關，理論上明朝已亡。

鄭：這時候福王朱由崧於南京晉位，稱監國，是爲弘光帝，後被總兵田雄所劫而降清。

記：唐王聿鍵南走福州，被鄭氏家族擁立，建元隆武，是爲隆武帝。

鄭：就在同時，魯王朱以海被兵部尚書張國維、舉人張煌言等擁立於紹興，亦號稱「監國」。

記：清兵繼續南下，汀州陷落，唐王殉難。兵部尚書兩廣總督丁魁楚與侍郎巡撫瞿式相，奉桂王朱由榔即位於肇慶（廣東高要），是爲永曆帝。

鄭：我父是個投機政客，一見清兵攻下延平、福州、汀州，隆武帝殉難後，便奉表降清了。

記：那您呢？到了這樣「忠孝難兩全」的境地。

鄭：我見苦諫不從，只好收拾殘兵、亡命入海，占鼓浪嶼，據金（門）廈（門），招賢納士，擴充舟艦，保有海上勢力。

記：「孤臣孽子」堪爲您此刻的最佳寫照。

鄭：「從來父教子以忠，未聞教子以貳；今父不聽兒言，倘有不測之禍，兒祇有縞素而已！」這是我對父親從北京傳來的招降書的唯一答覆。

記：處在一國兩制之中，您何以自處？

鄭：何謂一國兩制？爲何有一國兩制？我不懂！

記：這時在西南有桂王永曆帝，在閩浙沿海有魯王，您真是兩難啊！

鄭：我只好遙尊永曆正朔，近奉魯王，一兼兩顧了。魯王一直依著我，直到康熙初年，死在金門。

記：您被賜姓朱名成功，號爲「國姓爺」，是在什麼時候？

鄭：唐王於西元一六四五年即位於福州，是爲隆武帝。我父子倆晉見隆武帝時，他見我相貌非凡，對答如流，告以「恨朕無女以妻卿」，遂賜國姓，賜名成功。

記：那延平郡王的封號呢？

鄭：起兵時，我最初用「忠孝伯招討大將軍」名義發號施令，由於我遙奉永曆帝之正朔，他先後封我威遠侯、延平公、漳國公，最後晉封爲「延平郡王招討大將軍」……。

記：這對永曆帝來說，是惠而不費，達到羈縻之效。

北伐失利，轉而東進台灣

鄭：我以金廈爲據點，會同在舟山的張煌言，擁有差不多十餘萬的水師，不斷地在東南沿海並深入長江沿岸，對滿清不定時的突擊與進襲。

記：「以戰爲守則固，以攻爲防則存」，攻擊便是最佳防禦，以騎射見長的清兵，在逐島戰爭中根本不可能是您的對手，想來戰果一定是非常輝煌的。

鄭：在二十餘次的突擊戰役中，我一度從崇明島攻入長江，以破竹之勢攻下瓜州、鎭江，直逼南京；也曾繞襲南京上游，攻下太平、寧國、池州、徽州、和州、廣德、無爲等四府三州二十二縣之地……。

記：大江南北皆爲之震動，大有光復河山之舉。

鄭：正好相反！游擊戰，每戰勝一次，兵員船艦就折損一次。

記：怎麼會這樣子呢？是形勢不如人？

鄭：占領沿江沿海據點，無腹地可守、無糧餉可抽、無兵員可補充，形勢日蹙，進取不易。

記：您知道毛澤東先生有句曠世名言：「形勢比人強！」嗎？

鄭：所以我決定另謀發展，不與滿清作無謂的消耗戰，遂聽從何斌的建議，轉進台灣做更前瞻性的計畫。

記：什麼樣的計畫？

鄭：我於永曆十五年（西元一六六一年），率師二萬五千人渡海，經過九個月的奮戰，驅逐了荷蘭人，占領台灣。

記：接著您開府台灣，屯兵於農，獎勵移民，興辦文教……。

鄭：翌年（西元一六六二年）四月，我任命義大利籍傳教士李科羅爲特使，帶著我致菲律賓總督的親筆函……。

記：幹嘛！要與他會面、喝酒、唱卡拉ＯＫ？

鄭：叫他俯首來朝納貢！不然以荷人爲前車之鑑，予以征服，成爲台灣的外府，並雪漢人慘遭屠殺之恥。

記：結果呢？

鄭：還未得到對方俯首稱臣的回信，我在五月份便因病去世，得年才三十九歲。

記：「出師未捷身先死，長使英雄淚滿襟」，對中華民族而言，錯失了一個拓殖南島的良機。

鄭：假如我征菲成功，進而滅巴達維亞（今印尼雅加達），則整個東亞歷史形將改寫。

記：您的兒子鄭經、孫子鄭克塽等人，難道沒有繼承您的遺志，執行「南進政策」？

鄭：我的後代子孫對於我的南向大業只是心動而未行動！

記：何以說？

鄭：永曆廿六年（西元一六七二年）二月，統領顏望忠、楊祥等自告奮勇，「願領兵船征呂宋，以廣地方。」……

記：結果呢？

鄭：因侍衛馮錫範的反對，鄭經不能堅持，以致坐失良機。

記：後來呢？

鄭：永曆卅七年（西元一六八三年）六月，施琅率水師破澎湖，世孫克塽有投降之意。黃良驥、蕭式、洪拱珪等人議舉公子鄭明，往攻呂宋，再造國家，以存鄭祀，世孫從之，輜重已移在船……

記：結果呢？

鄭：結果因怕中途兵災而作罷。沒出息的子孫，專門從事於內鬥。

記：歷史永遠重覆前轍，五星上將的「現代鄭成功」，率領了六十萬大軍，收納桂越的黃杰、滇緬的李彌殘軍，轉進台灣，父子倆統治了台灣將近五十年。

鄭：結局呢？

記：爲鞏固領導中心，不斷的搞白色恐怖、血腥統治；爲反攻大陸、光復國土，不斷的突擊沿海、消耗兵力；其後繼者已成强弩之末，妄想在國際上有「能見度」，不斷地與美、日唱和「兩國論」、「夾擊説」，爲帝國主義作倀。人民不知所從，盲目鬥爭。

鄭：最後免不了讓「人民解放軍」給解放了事。

記：嗚呼哀哉！曆史永遠重演，一牛不如一牛……。

鄭：＊@＃★！

從「引刀逞一快」的奇男子
到「殘軀付劫灰」的大漢奸
~汪精衛訪問記~

一八八三年（清光緒九年）五月四日清晨，在一片日出紅雲下的廣東省三水縣，誕生了一位民國史上最富爭議性的人物——汪精衛先生。

汪的祖籍原出於安徽省婺源縣，元末明初汪純一先生遷居至浙江山陰縣（即紹興）落戶。汪的祖父縵亭公曾中過舉人，在浙江遂昌縣任過訓導。汪父琡如（省齋）先生，屢試不第，眼見功名無望，轉而習幕，專治刑名錢穀之事。清道光年間，省齋先生攜妻子盧氏遷居廣東番禺，以游幕為業，游宦於三水、曲江、英德、四會、陸豐之間。

從資料顯示，汪精衛原籍廣東番禺，生於廣東三水，嚴格說來，他應屬浙江山陰人，何況他父親還是個如假包換的「紹興師爺」呢！

書香門第・師爺之子

記：汪主席您好！可否向愛護您的熱情讀者問好？

汪：您不要稱我爲主席，您還是叫我汪院長好了。

記：爲什麼？

汪：民國二十八年三月，我和介石老弟分道揚鑣……。

記：您和蔣介石是「親密的戰友」……。

汪：何以見得？

記：民國十四年（一九二五年）三月十二日，中山先生逝世，您因〈總理遺囑〉執筆人身分，以繼承人自居，推翻原先胡漢民代理大元帥的身分，當選主席。

汪：當時總理最得力的幹部有五人，即胡漢民、我、廖仲愷、許崇智

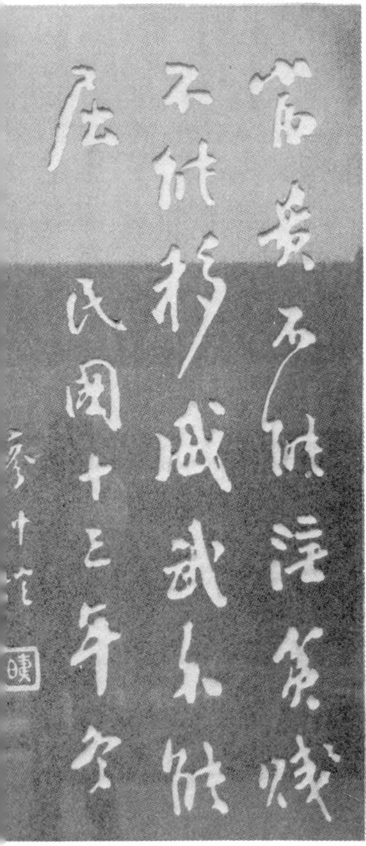

廖忡愷墨寶

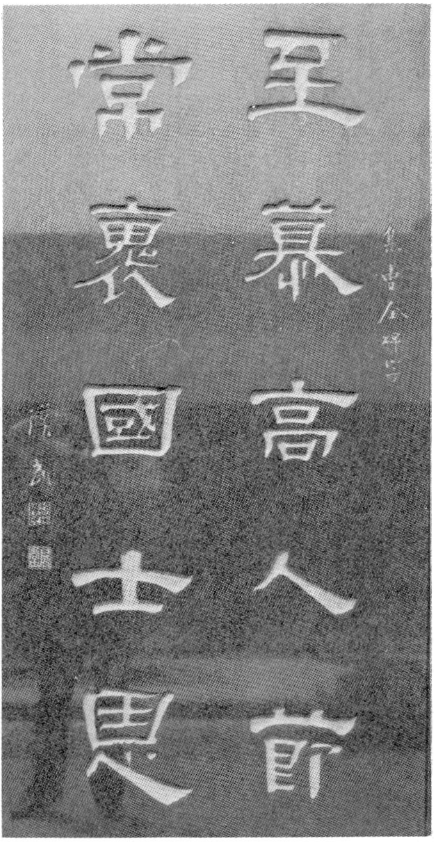

*胡漢民的墨寶

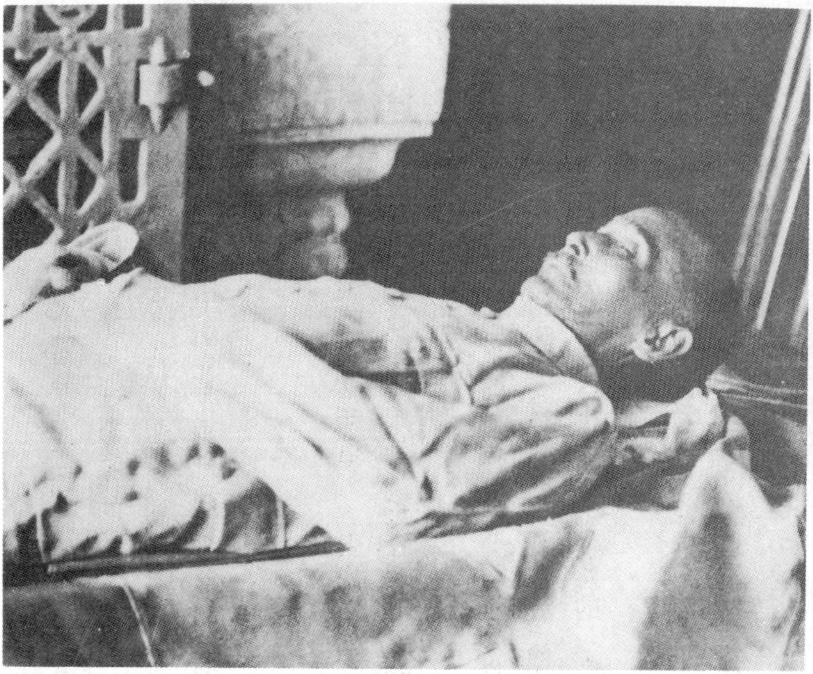

*1925 年 3 月 12 日上午 9 時 30 分，國父因患肝癌北平逝世

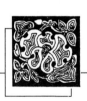

與蔣介石。

記：許崇智與蔣介石分別掌握粵軍與黃埔黨軍，能跟您爭領導權的只有胡漢民與廖仲愷，您是如何運作的？

汪：總理逝世後，我從北京回到廣東，立刻趕往潮州會晤正在督師東征的蔣介石，告以中山先生垂危彌留之際，還不斷的微呼：「介石！介石！」

記：真有此事？

汪：這你用肚臍眼想就知道，「人之將死，其言也善。」一個將死之人，除了呼天搶地、喊爹叫娘外，近在咫尺的髮妻名字不喊，會去喊一個遠在五千里外、非親非故之人？

記：這都是您編出來的？這下蔣介石豈不爽死了。

汪：讓他意會到除了我之外，蔣已成爲總理心目中的「最佳男主角」，並明示我個人今後行止進退全仗蔣的一言而定。

記：然後呢？

汪：我再活動與胡漢民私怨極深的許崇智，提名我當主席。

記：高明！高明！五人之中，您已掌握包括自己在內的三票，這下胡漢民只好乾瞪眼交出「代理大元帥」的印章，屈居外長的職務。

汪：民國十四年八月二十日上午九時四十五分，廖仲愷竟然在中央黨部大門內被槍殺……。

記：這顯然是一件政治謀殺案！

汪：誰說不是呢？廖當天正要參加十點鐘在中央黨部的〈中委會〉，不過凶案直到今天都没有破。

記：就像尹清風的案子破不了一樣。

汪：暗殺兇手陳順當場被亂槍打死！

記：總之，殺人滅口就是了，接著第二步呢？

汪：我以國民政府主席兼中央軍事委員會主席的身分，下令軍政部長許崇智、軍事委員會委員蔣介石，徹查刺廖案。

記：結果呢？

汪：胡漢民的堂弟胡毅生涉嫌最重，因而逮捕胡毅生並派兵搜查胡漢民宅……。

記：這是什麼招術。

汪：這叫「項莊舞劍志在沛公」招。

記：怎麼說？

汪：重兵搜查之下，胡如反抗，即趁機槍殺之……。

記：結果胡倉皇避入民宅，成了驚弓之鳥。

汪：蔣介石以武力將胡迎往黃埔軍校，名爲保護，實同軟禁。

記：那胡漢民對蔣介石的感激，不啻恩同再造……。

汪：那是當然的了，最後在蔣介石之協調與勸說下，賦以「赴俄考察政治」的名目而流放於莫斯科。

記：好一個國民政府外交部部長兼中央政治委員會主席的胡漢民，就此被連根拔除。那許崇智呢？他可是在「擁汪扁胡」鬥爭中立下「提名」的汗馬功勞。

汪：許爲人貪財好貨，我許以國民政府軍政部部長兼中央財政委員會主席……。

記：正是置其人於爐火之上，令其玩火自焚……

汪：果不其然，許崇智在財政上的劣行惡德，引起各軍對他的不滿——尤其是李濟琛部隊的不滿，加上身爲軍政部長，不能維護首都治安，導致「刺廖」案的發生，顯有監督不周之過。

記：就這樣許崇智的嫡系部隊紛紛被迫繳械，最後經蔣介石之「婉勸」離粵去滬當寓公。那個涉案的胡毅生呢？是否被槍斃了？

汪：因罪證不足而被釋放。

記：就這樣兵不血刃的以一石三鳥的手腕把廖、胡、許全解決了，高桿！高桿，佩服！佩服。

汪：此時我已然成爲集黨、政、軍三權於一身的「最高領袖」。

三合三分．鬥爭有術

記：這就是所謂的「汪蔣蜜月期」。

汪：蔣介石是我名副其實的「最親密的戰友」！

記：那怎麼會從親密的戰友，變成咬牙切齒的仇敵呢？總理不是常寫一幅「安危他日終須仗，甘苦來時要共嘗」的聯語勉勵你們同志嗎？

汪：孫先生總共寫了三幅分別送給克强、英士與介石，可是介石解釋爲：不管政治安定或危險，將來還是免不了打一仗的。

記：這樣說來，蔣介石最能得總理心傳。

汪：誰說不是呢！

記：政治上沒有永遠的敵人，也沒有恆久的朋友，只有短暫的利益。於是起起落落、分分合合，各顯神通，互有勝負，互有成敗。

汪：我和介石三度攜手合作，三度鬥爭分手。

記：願聞其詳。

汪：民國十四年第一次合作，連手擊倒廖仲愷、胡漢民與許崇智。

記：剩下汪蔣兩大巨頭，應該合作共享成功的果實。

汪：十五年三月二十日蔣藉口「中山艦事件」發動政變，進行整肅，我被迫離粵赴法……。

記：這是汪蔣第一次鬥爭，您宣告落敗。

汪：十五年七月蔣開始北伐，在擊敗吳佩孚、孫傳芳之後，勢如破竹，半年內就占有兩湖、閩、贛四省，這時黨人爲了黨的權力平衡，敦請我自法返國，於十六年四月十五日在南京召開中央執政監委會議。

記：這是汪蔣第二度合作……。

汪：事實上還包括與共產黨的合作，陳獨秀還發表〈告國共黨員書〉。

記：後來您在共黨的簇擁下，潛往武漢成立政府。

汪：這就是所謂的「寧漢分裂」。國民黨一分而爲三：即武漢派（汪共合作）、南京派（蔣介石）、西山會議派（胡漢民）。

記：這是你們之間二度鬥爭！

汪：蔣竟然聯合胡漢民鬥我。

記：我說嘛！政治沒有永久的敵人與朋友。

汪：民國二十年，胡漢民因反對召開國民會議制定訓政約法，與蔣發生衝突……。

記：蔣又回過頭來找您合作。

汪：我擔任行政院長，負責外交；蔣任軍事委員會委員長，掌軍事、內政（剿共）；林森則是個「不負實際政治責任」的國民政府主席。

記：這次你們合作最久，直到抗戰期間。

汪：理論上是的，實際上卻不見得！

記：除了貌合神離外，還明爭暗鬥嗎？

汪：二十四年十一月一日，我黨在南京中央黨部召開四屆六中全會，在警戒森嚴中，竟然從記者羣中跑出了孫鳳鳴，一面高喊「打倒賣國賊」，一面朝我身上連開三槍，一槍中臉頰，一槍中背部，……我就倒在血泊中。

記：您懷疑是蔣派人幹的？

汪：除了他還有誰？他專在警衛森嚴、衆目睽睽之下幹這種事，這和十一年前在廣州中央黨部大門內的「刺廖案」如出一轍。

記：都破不了案？

汪：所謂的「兇手」都當場被亂槍打死，死無對證，如何查案？如何破案？

記：這麼說來，國民黨專門「導演」這種戲碼？

汪：誰說不是呢？

記：近的像林義雄母女案、陳文成案、尹清楓案，遠的像馮玉祥、陶成章、甚至更遠的宋曜如案……。

汪：政治太可怕了，太可怕了！

記：那您爲什麼不離「他」遠一點！趨吉避凶是人類的天賦之一。

汪：有啊！我於二十五年二月出國去歐洲養傷。

記：後來爲什麼又回國來蹚混水呢？

汪：西安事變圓滿結束，我於二十六年一月返抵上海，希望對日交涉方面貢獻個人棉薄之力。說實在的，政治固然可怕，但政治也十分地可愛呢。

記：難怪亞里斯多德要說：「人是政治的動物！」您不計被暗殺的前嫌，再度與之合作？

汪：「時告時登」，查無實據，我也沒辦法。民國二十六年七七事變後全面抗日，我想我的機會來了。

記：怎麼說？

黑臉白臉・各扮各的

汪：七月十七日，蔣先生在盧山發表談話：「最後關頭一到，我們只有抗戰到底、犧牲到底；唯有犧牲，才能獲得最後勝利……，如果放棄尺寸土地與主權，便是中華民族的千古罪人。」他要求「地無分東西南北、人無分男女老幼，戰至最後一兵一卒。」

記：雄哉！壯哉。我偉大的「最高領袖」！

汪：全是黑夜唱山歌，自我壯膽。

記：爲什麼？

汪：以當時的中國要與日本全面抗戰，那簡直是雞蛋碰鐵球嘛！

記：何以見得？

汪：日本以他强大的武力，立刻給蔣一個下馬威。

記：怎麼個下馬威？

汪：八月十三日淞滬之戰，我國全面增援抵抗，在不到二個月中犧牲精銳部隊三十萬人；九月下旬的「太原之戰」，不到二個星期日軍即以芥子毒氣及燒夷彈，進占了廣大的華北農村與山區，當然死亡慘重；十二月十三日南京淪陷，屠殺軍民六十萬人；年底日本發動徐州會戰，從南京到北平，黃淮地區全部淪陷；廿七年十月十二日，日軍徵調台灣兵四萬人從廣東大亞登陸，沿粵漢路北上進行「武漢會戰」，武漢三鎮頓成一片焦土……。

記：蔣先生帶著宋美齡「轉進」到重慶，仍要戰至最後「一兵一卒」——就剩他倆一對寶。

汪：日本發動了上述四次攻勢，已把戰力發揮到了極點，中國沿海及華北、華中精華地區，均已全面佔領，成立「駐華派遣軍總部」於南京，已達到「以戰養戰」的最高軍事目標。加上日本近衛內閣改組，急需結束在華戰事，以與德、義軸心的國際局勢配合。

記：日本有意與中國和談？

汪：戰爭嘛！不過是血氣之爭，最後總是要找個藉口，顧全雙方面子，下台鞠躬了事。

記：您一向主張與日本和談？

汪：從民國十五年到二十五年，正是所謂的「黃金建國」起步階段，我們怎麼能跟世界強權之一的日本對抗呢？

記：未決戰就先興起和談之念，未免太孬了一點！

汪：本來嘛！一個國家大政，有人唱黑臉，應該還有人唱白臉才對。這叫「預留空間」，懂不懂？

記：像蔣「戰到最後一兵一卒」，就是唱黑臉的高調，而您主張與日媾和，就是唱白臉的低調。

汪：他是軍委會委員長當然主戰，我是行政院長掌外交當然主和了。一面抵抗、一面辦交涉，不失領土、不喪主權，這叫「共赴國難」。

記：就像一九四〇年六月二十二日，八十四歲的貝當元帥奉白倫（M. Albert Lebrun）總統之命，出面組閣……。

汪：他可是在第一次世界大戰時，被法人奉爲「法國的救星」哦！

記：此時他卻又出面向德國投降，簽訂《德法停戰協定》，丟人丟到西班牙了。

汪：彼一時也，此一時也，形勢比人弱，還有什麼話可說！

記：不過貝當元帥還是有遠見的，他在六月十六日奉命組閣時，立即任命他的學生戴高樂少將（Gen. Charles De Goulle）爲駐英使館武官。

汪：德法停戰協定簽定的第二天，戴高樂在倫敦宣布成立「自由法蘭西（後來改稱「戰鬥法蘭西」）」，以與貝當元帥的「維琪政府」分庭抗禮。

記：怎麼？法國人也像中國人一樣「勇於內鬥、怯於外戰」。

汪：人家是在唱「政治雙簧」，人家才不像中國人那樣，專挖自個兒的牆根。

記：我只聽說過有「演藝雙簧」，怎樣還有政治雙簧？

汪：一九四〇年六月，法國正面臨危急存亡之秋，由一次大戰英雄、八十四歲高齡的貝當元帥出面組閣，向德國投降，簽定停戰協定，使法國免於德國強大戰火的蹂躪，而且可以從此生聚教訓、加緊生產、充實國力，萬一德、義、日軸心得逞，法國也算戰勝國。

記：萬一最後英美聯軍打贏了呢？

汪：戴高樂之所以在倫敦成立「自由法蘭西」與「戰鬥法蘭西」流亡政府的原因也就在於此。

記：難怪二次大戰之後，美、英、蘇、法同爲勝利國，法國還分享「瓜分德國」的一杯餘羹。高桿！高桿！

汪：我自首都南京淪陷後，即屢次向介石建議，接受德使陶德曼所傳遞的日本停戰條件。

記：他不答應？

汪：他狠話說盡在先，怎好再改口。

記：最後您抱著「我不入地獄，誰入地獄」的「黑鍋」，與周佛海倡組「低調俱樂部」，主張與日和談。

汪：是啊！

出爾反爾．陷我不義

記：這事蔣知不知道，您是否跟他溝通過？

汪：如此國家大政，怎麼會不跟他商量；否則，他爲何肯在四居六中全會（二十四年十一月）中，一再的強調：「汪先生這幾年爲國、爲黨、爲我，都說不得的，請你們不要再反對。」所以才有二十六年十二月的國防委員會第三十四次的會議紀錄。

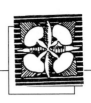

記：這些話在在證明您一直在替他做擋箭牌。這麼說來，民國二十七年十二月中旬，您帶著夫人、周佛海、陶希聖、曾仲鳴……等一行人，從重慶飛到北越河內，蔣先生事先也知道囉？

汪：當然知道，這是得到他首肯的，否則這大隊人馬如何從重慶出境，出國護照從何而來？別忘了他身爲軍事委員會委員長，既管內政又管軍事。

記：那他幹嘛派鄭介民與王魯翹兩人去暗殺您？

汪：這就是他滑頭的地方，他與人交往從沒有真心過，說的是一套，做的又是一套。先前的許崇智、胡漢民，後來的張學良、馮玉祥、李宗仁、龍雲、杜聿明……沒有一個不是被他害慘的。

記：孫立人、吳國楨……更是被害的「樣板」人物，他滑頭得像個琉璃蛋一樣，難怪字「介石」。

汪：後來的事，我就不知了。

記：您這個抉擇真是在刀口上舔血，弄不好「一失足成千古恨，再回首已是百年身」。

汪：誰說不是呢？我原先並不想在淪陷區成立南京政府，以與蔣分庭抗禮。

記：後來怎麼走了樣呢？

汪：我這伙人離開重慶時，原抱持了兩個策略。

記：那兩個策略？

汪：上策是發表和平號召後，得到西南軍政首長的響應，造成重慶政府實質上的瓦解，由我組織新政府，仍以西南爲根據地，以與日本和談……。

記：所謂的重慶政府，實質上就只是蔣介石一人在主戰。那中策呢？

汪：我宣布辭行政院長，但仍以私人身份維持與日本的和平管道，必要時成立「反共救國同盟會」。那曉得事先約定的事情，蔣竟然棄之不顧，甚至於三月一日凌晨派人暗殺我，結果曾仲鳴夫婦倆成了替死鬼。

記：所以您一不做、二不休，乾脆到南京組織政府與之對抗，選擇了下策，變成了過河的卒子。

汪：若能救中國國脈於一線，雖背負十字架亦在所不惜！所以我才願置四十年來爲國家奮鬥之光榮歷史於不顧。

記：聽說您跟日本簽訂的條約中，有「日、中、滿親善」字樣，承認日本一手導演的滿州國，又承認日本在華北的合法化與特殊性，這不是「賣國條約」是什麼？

汪：既已成事實，您不承認也沒辦法啊！若姑且承認以換取和平，將來抗戰打贏了，還不是可以一筆勾消。

記：若打輸了呢？

汪：只能任人宰割，所以我才出面去應和。何況我用的還是青天白日滿地紅旗，國名仍叫中華民國，我只任行政院院長兼代主席。國民主席一職，依舊虛位以待林森主席前來就職。

記：您的苦心我了解，您還爲這個苦難的祖國做了那些事？

汪：第一，我召開了中國國民黨六全大會，整合了國民黨，整合了王克敏的臨時政府與梁鴻志的維新政府，減少日人對淪陷區內中國人的直接迫害。

記：其次呢？

汪：成立軍隊，實行清鄉、保安、保甲，維持長江中、下游地區的安定，免於共黨滲透，爲國家保持元氣。

記：第三呢？

汪：創設中央儲備銀行，發行儲備券，以穩定金融。

記：它與重慶蔣孔（祥熙）發行的所謂「法幣」如何兌換？

汪：一比二，即一元中儲券兌換兩元法幣。

記：結果人民喜歡法幣還是中儲券？

汪：黑市是一中儲券兌十七法幣，孰優孰劣，用肚臍想也知道。

記：可見重慶方面濫印紙鈔，造成了通貨澎漲。不過抗戰勝利後，重慶政府强迫人民以二〇〇中儲券兌換一法幣。

汪：天下之自私莫過於此。200×17＝3400，中儲券在一夜之間被貶了三千四百倍，換句話說，法幣在一夜之間漲了三千四百倍。

記：肥了重慶客，卻瘦了中國東南精華地區的老百姓。

汪：財政金融一旦崩潰，那就是國家土崩瓦解之日。

記：後來蔣家父子還搜刮了上海各銀行的儲備黃金，倉皇的逃到台灣。

汪：往事真的不堪回首。蔣孔（祥熙）爲了發「勝利財」，不惜破壞整個國家的財政金融體制。

記：其結局是坐擁六百萬「國軍」，身著五星上將的四大戰勝國元首，在二年之內敗給了蟄居陝北延安十年的窮酸小子。

汪：「白頭宮女話天寶」，真是令人不勝噓吁之至。

記：我們不談這些傷感的事，談談您的革命伙伴——陳璧君夫人如何？

革命俠侶・婦倡夫隨

記：你們是怎麼認識的？莫非是青梅竹馬、意氣相投？

汪：一九〇七年我奉總理之命與胡漢民到南洋宣傳革命，籌募革命經費。

記：您人長得帥，風度翩翩，加上又是口若懸河的演講天才，的確是不二人選。

汪：在檳榔嶼活動期間，有一富商女叫陳璧君的，每天都來捧場，還叫她母親捐了巨款……。

記：她應該是爲您的風采所傾倒？

汪：她還進一步的要我教她做詩填詞，跟著我讀書……。

記：落花有意流水無情，您竟毫不動心？

汪：雖然她的舉動令我很感動，但我正在進行一場暗殺的籌畫，決心犧牲自己，絕不可陷入兒女私情，害人當寡婦。

記：這就是一九一〇年您和喻雲紀、黃俊生等人籌劃的「謀刺攝政王」事件。

汪：謀刺失敗，我被法部尚書紹昌以「大逆不道」判「應立即處斬」。

記：怎會逃離死亡的？

汪：當卷宗到了肅親王善耆手裡，他看到我的「慷慨歌燕市，從容作楚囚；引刀逞一快，不負少年頭……」詩句時，不覺動了憐才之心，乃以「未遂」犯，請旨改判「永遠監禁」。

記：據說您還被帶去見隆裕皇太后。

汪：我從死囚牢中，被帶進太后房裡。

記：皇太后壓根兒也想不到這麼一位風流倜儻、氣宇軒昂、堂堂正正的美男子，竟是個殺人凶手！

汪：說的也是！

記：任誰也不忍心殘殺這一「上帝的傑作」。

汪：我早已將死生置之度外，在獄中談笑風生，贏得了獄卒的好感，不但有報紙可看、有書可讀，還替人書扇、寫對聯的……。

記：您真是有「潘安之貌，屈原之骨，宋玉之才，板橋之雅。」

汪：自我入大牢之後，親友唯恐受到株連，少有敢去探望者，但只有陳璧君例外……。

記：一個婦道人家又能怎樣？

汪：她在日本從《朝日新聞》讀到我被關的消息，立刻回國搭救，第一次買通獄卒送來了十幾個雞蛋，其中有個雞蛋殼上寫著「忍死須臾。璧君」的字樣，使我好生感動。

記：她經常爲您送衣送食的？

汪：那是當然的，有次還繡了一對枕頭給我……。

記：意思要與您「同枕共眠」，共生死、同患難。

汪：大有「雖不能生前同衾，也望死後同穴」之意。

記：最後您也被這位熱情、潑辣、堅毅的「女暴君」所感動了！

汪：人說：「男追女隔重山，女追男隔層紗」，何況我又不是鐵石心腸，只好報以「不論生死契闊，彼此誓爲夫婦」了。

記：後來您們什麼時候結婚的？

汪：武昌起義全國各省紛紛響應獨立，我於十一月六日被釋出獄……。

記：您立刻成了政壇上的「當紅炸子雞」。

汪：入獄、出獄之際，人情乃現，乃見人情。

記：這時您已變成同盟會、清政府與袁世凱之間的橋樑……。

汪：袁世凱尤其奉我爲上賓，此情此景，唯有曹操對關羽那種「上馬金、下馬銀」，「三日一小宴、五日一大宴」差堪形容。

記：袁世凱爲什麼對您這麼好？

汪：我默察當時國內外大勢，也只有袁宮保才能安邦定國，所以，我給孫總理建議，把臨時大總統的位置禮讓給袁世凱。

記：聽說袁世凱還送您五萬元大洋的禮金做爲回報。

汪：我沒有接受，我純爲革命前途而建議，不是爲袁個人的前景而動議。

記：像您這麼帥哥一個，在當時被喻爲「民國四大美男子」，一生只討了這個悍妻潑婦，而且只有「內在美」的陳璧君？有沒有其他的「女朋友」。

鴛鴦情侶、上吊自盡

汪：有什麼辦法？我是「一夫一妻」的奉行者。但其實，我這一生最念念不忘的還是方君瑛小姐……。

記：誰是方君瑛？

汪：她是黃花崗七十二烈士之一方聲洞的妹妹……。

記：您們怎麼認識的？

汪：一九〇七年，我從檳榔嶼募款回國，途經香港，準備謀炸滿清親王時，曾在方聲洞同志家落腳，因而認識了君瑛……。

記：她是個怎麼樣的女孩子？

汪：荳寇年華、明艷照人、才華洋溢、儀態萬千，眉宇間還有乃兄英挺氣慨……那是我這輩子唯一令我怦然心動的女孩。

記：真個郎有情，妹有意……

汪：我們以兄妹相稱，她喊我爲四哥。我們一起讀書、填詞作詩，是我一生最快樂的時光。

記：怎麼没結婚？

汪：無奈陳璧君窮追猛釘，演出「獄中苦肉計」，我不得不娶她。

記：情人間最可貴的乃是「天長地久的相知相繫」不在於「朝朝暮暮的共枕廝守」。活生生的拆散了一對革命情侶，其最後的結局是喜劇？悲劇？還是無聲落幕？

汪：君瑛被璧君當衆羞辱，懸樑自盡。

記：@＊＃★！

汪：從此，我再也没有生趣了，一切全讓璧君牽著鼻子走；後來，我出走重慶，經河內到南京組織和平政府，那婆娘是背後的一隻「推手」。

記：成功的男人，背後都有雙「推手」！

汪：坦白的說，我這輩子真的是被她害慘了。

記：怪只怪您没有主見，敗在牝雞司晨的女人手裡。聽說您在主席任內，還愛上了您的女秘書？

汪：她叫施旦，是淩太太，她不但生得貌美如方君瑛，且中英文俱佳，是個不可多得的人才。

記：您們一見相傾，是否有「恨不相逢未嫁時」之憾？

汪：她是我的秘書、管家以及精神上的支持者。

記：您的「辣」夫人陳璧君難道不管了？

汪：她比我還熱衷政治，姊弟（陳耀祖）兩人到廣東省去發展，也懶得管我了。事實上，在我最後五年的生命裡，因爲先前的槍傷復發，都是施旦一人在照顧著我的生活起居。

記：聽說您死後，她出家爲尼，爲您另設衣冠塚，早晚替您燒香念佛。

汪：方君瑛、施旦是我這一生最難忘的二個女人。

記：至於您的夫人陳璧君呢？

汪：她是我唯一的革命俠侶。一個女孩子十六、七歲就能毅然決然的選擇革命道路，而且終身不渝，雖不能說是空前絕後，卻也是十分難得的。

記：尤其難能可貴的是，即使在您過世後，她仍然堅守崗位！

汪：抗戰勝利後，我的「那一幫」人，是否都被判處死刑，分別飲彈而亡？

記：從陳公博、梅思平到王揖唐，全都被判死刑。

汪：「成者爲王、敗者爲寇」古有明訓，這我也認了。當初我也是抱著「我不入地獄，誰入地獄」的想法，想爲落難的祖國貢獻一分心力。

記：人們說您是「賣國求榮」，其實您是求辱救國，寧願放棄個人的事業與名譽，來完成某種程度的救國行動。

汪：難得我的心事有人知，也不枉我這一生了。

記：您的夫人陳璧君尤其令人敬佩。

汪：她最後怎麼了？

記：一九四六年四月廿三日，國民政府江蘇高等法院判處陳璧君無期徒刑，終身監禁。

汪：依何罪名？

記：賣國罪。

汪：豈有此理，國土是那個光頭介石丟光的，那還有國土好賣？反而是我們從日本人手裡收回了國土！

記：一九四九年「解放」後，看在同盟會老革命同志份上，宋慶齡等代表毛澤東主席到上海提籃橋監獄「恭請」尊夫人出獄！

汪：我太太怎麼說？

記：是國民黨關我，也只有國民黨才有資格放我！你們共產黨，呸！

汪：硬是要得，這才配跟我合稱爲革命俠侶！後來呢？

記：她要求與其他的「反革命罪犯」一起到蘇北參加勞動改造。

汪：最後去了沒？

記：年老體弱，心臟病嚴重，一九五九年十月十七日死於監獄。

汪：嗚呼痛哉，創建民國的革命元老竟然落得這個下場。

記：還有更不幸的消息呢？

汪：什麼壞消息？

記：您脊椎槍傷復發，到日本名古屋開刀不治後，葬於南京明孝陵附近的梅花山……

汪：那怎麼了？

記：一九四六年「戰到最後一兵一卒」的蔣介石夫婦勝利還京，聲言不願見到您的墳與孫總理的中山陵長相左右。一月廿一日何應欽奉命用一百五十公斤的TNT炸藥，把您的墳連帶楠木棺材炸得稀爛……。

汪：蔣光頭！你好狠啊。你會得報應的！

記：現在台灣桃園的鄉親早已在研議，要把他從慈湖趕走，我想那是遲早的事。

汪：還是周恩來和鄧小平有先見之明，叫人燒成骨灰，灑在天空與大地之中，無從掘墓毀屍了。

記：把遺體燒了，骨灰灑大地，還是造成某種污染。

汪：那要怎樣死法，才符合環保概念。

記：自從「民金黨」完成「政權轉移」後，胡搞亂搞，弄得民不聊生。報刊雜誌倒的倒、跑的跑，害得我文章都賣不掉。要是那天我覺得活夠了，準備跳海，將殘軀獻給魚。這樣既不造成污染，還報答了魚恩——一生好吃魚，欠牠們太多了。

汪：＊@＃★。

悲劇英雄・沉寃未雪
～孫立人訪問記

話說西元一九四八(民國三十七)年十一月徐蚌會戰(又稱淮海戰役)失利,導致國民黨半壁江山變色。翌年一月二十一日,總統蔣介石下野引退。不數日「人民解放軍」進逼長江,二月二十日中共中央人民廣播電台,要求李代總統宗仁,逮捕以蔣介石為首的四十五名「戰犯」歸案。

是時也,「國」軍將領中,投共的投共,靠攏的靠攏,棄守的棄守,潰散的潰散……真所謂「風聲鶴唳,草木皆兵」之地步,大有「山雨欲來風滿樓」之勢。黃埔軍已成「黃泥塘」。四月二十三日國民政府撤離南京,大陸宣告淪陷。業已下野,手無寸鐵的蔣介石,四月末稍,從溪口鎮附近的象山港,登「太康艦」,計畫由基隆上岸進駐台北。在發電四十八小時後,未見當時台灣省省主席陳誠回電，心存疑懼之際，面對著中共緝捕的高額獎金，出象山至上海，回普陀進定海，再到馬公，上下來回，四處逡巡……正所謂「寒天飲冰水，雪夜度斷橋」，點滴在心頭。不得已在高雄外港西子灣拋錨。

時任陸軍訓練司令兼台灣防衛司令、陸軍儲備軍官訓練班班主任——台灣第一擁兵權的孫立人將軍上船接駕。「我在此地安全嗎？」蔣介石驚魂甫定，聲若驚弓之鳥。「由我們保護，有什麼不安全？」孫立人則自信滿滿，大有泰山崩於前而不變色的豪情。

隨即迎至陸軍第四軍官訓練班（即今鳳山陸軍官校）蟄居二十七天之久。直至六月二十四日方赴台北出席「東南區軍事會議」，彷彿撿回一命，隨即落腳草山（今陽明山），始悟「大丈夫不可一日無權」之真諦。

不意五年後（民國四十四年），孫立人將軍竟以涉及「兵變」遭「看管」三十三年之久，最後含冤而死。

民國四十四年六月六日根本沒有閱兵。因此，屏東兵變是個假案，孫立人之被捕，在那個時候的確是個寃案。

「六月六日斷腸時」，在「不殺、不審、不問、不判、不抓、不關、不放」下，斷送了有為將軍的前程，也斷送了反攻聖戰的契機，更斷送了一大伙袍澤的生機。

是邪？非邪？一部現代版的「韓信造反案」、「岳飛跋扈案」，現在讓孫將軍現身說法一番。

前事不忘・後事之師

記：孫將軍您好！監察院於今年（民國九十年）一月九日，公布塵封近半個世紀的「孫立人將軍與南部陰謀事件關係」案調查報告的「完整版」，讓您以及您的部屬郭廷亮中校獲得平反。恭禧啊！

孫：根本没有「反」，那來的「平」？人死都死了，還要恭什麼禧。

記：所以今天才要開放這個版面，讓您有話可說。首先，可否先談談你訓練子弟兵——「新軍」的情形？

孫：我當年（民國三十六年）在鳳山陸訓部，是以「火炬」爲新軍幹

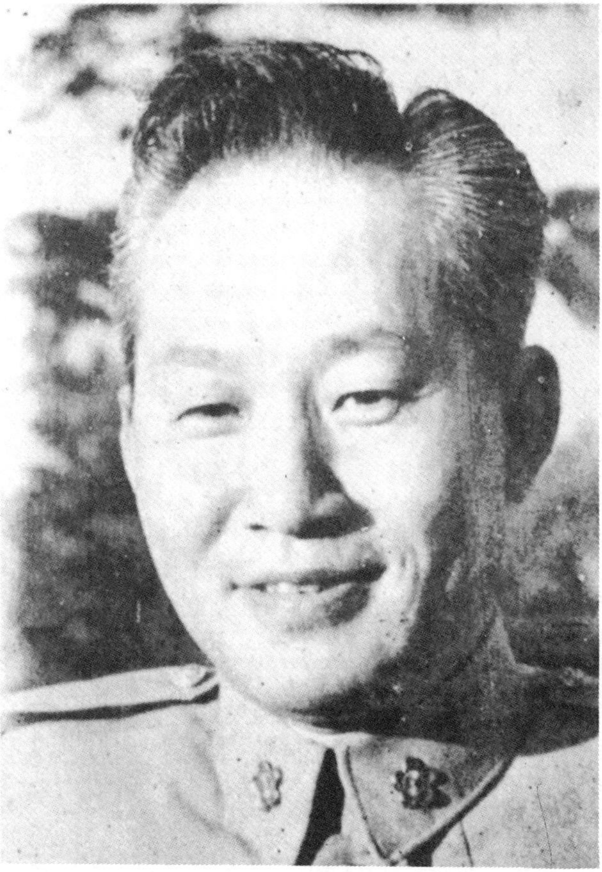

＊孫立人

部的標誌，代表著新軍的精神。

記：她象徵著您所訓練的新軍人光明磊落、清白熱情、堅苦卓絕、勇往直前、服從負責、犧牲奮鬥、精忠報國、勝利成功。

孫：第四軍官訓練班在台創立，我以陸軍訓練部司令兼班主任的身份，有計畫的招考軍中優秀青年，給予六個月的養成教育，畢業後分發至各部隊基層單位任職。計自第十五期至十九期，培養了數萬位新軍幹部……。

記：他們在各部隊進行「換血」及「發酵」作用，成爲國軍史上輝煌之一頁。

孫：敗退之軍，需要從新整頓士氣。

記：除了學生總隊編成四個大隊（十六個中隊）約一千六百人外，是否還有其他班次？

孫：還有校官大隊、尉官大隊，在屏東有木蘭（女青年）大隊，在嘉義內角有騎兵大隊，入伍生幼年兵總隊在台南旭町（現爲成功大學校區之一），稍後又增設情報、政工、工兵、通信、人事、後勤等業科訓練班，外加陸軍子弟學校誠正中學、眷屬誠正新村、一村、二村……。

記：以如此規模龐大之軍官訓練基地（從嘉義、台南、鳳山、屏東），以及近萬人之組織，會不會引起黃埔系統的側目？

孫：爲國家貢獻心力，何必分彼此，尤其在大陸淪陷、人心惶惶之際，總望能「力挽狂瀾於既倒，障百川而東流」，奠立復興、勝利之基石。

記：「匹夫無罪，懷璧其罪」，古有明訓。您這樣做，對陸軍、對國軍之貢獻，自不待言，但您這種特立獨行、傲上慈下、風骨崢嶸的作風，卻造成您與國防部高層人員之間的「磨牙」不斷。

孫：民國四十四年郭廷亮的「匪諜案」終於爆發了。誅連、折磨、打壓、歧視……。凡我新軍同志，都被貼上「標簽」，入獄的入獄、受審的受審、退伍的退伍……這才造成了一個真正空前的「兵變」。

記：所以，您不但要爲自己出面，更要爲成千上萬的新軍袍澤「講清楚，說明白」。總之：「前事不忘後事之師」，能記取歷史的教訓，才是個有希望的民族。

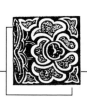

家學淵源．文武兼資

記：接下來請您介紹一下您的家世背景。

孫：我姓孫，名立人，字撫民，號仲能，祖籍安徽省舒城縣。我於光緒二十六年十月十七日（西元一九〇〇年十一月八日），出生於安徽廬江縣金牛山的一個小村莊。

記：那裡有周瑜的墓園在，我想您的英姿勃發，多少受到公瑾的影響！還有，您這孫姓跟孫中山有何關聯？

孫：他是中華民國國父，這點跟中華民國每一個國民都有關聯。

記：不像有的人拚死拚活往自個兒臉上貼金，說什麼「道承孔孟，志繼中山」的，還把自己的名字改爲中×什麼的。

孫：我們孫氏始祖是春秋時齊人、吳國大將孫武，他著有兵法十篇，亦即《孫子兵法》，是歷史上最有名的奇才。

記：就是那個在吳王面前操練妃子成軍的孫武。

孫：戰國時的孫臏也是我的祖先之一。

記：他與龐涓皆師事於鬼谷子，最後以計使得龐涓萬箭穿心而打敗了他。

孫：有清一朝，孫氏科名鼎盛，號稱「族無白丁」，向有「族無怨法之男，無再嫁之女」。

記：這麼說來，您真的是「家學淵源、文武兼資」了。

孫：先父熙澤公，字煥廷，乃前清舉人，歷任廬江縣縣長、登州府知府；我伯父浤澤公曾隨劉銘傳來台任職。

記：原來您們孫家父侄輩，跟台灣早有淵源。

求學期間．運動高手

記：談談您的求學經過吧！

孫：我六歲進私塾開始讀書。

記：啓蒙老師十分重要，往往影響一生學習。

孫：我的啓蒙老師是舒城宋執中老師，他是雷震夫人宋英女士之父。

記：那時令尊正在廬江縣縣長任上，後來呢？

孫：家父調山東濟南登州知府，我隨之進入濟南德文高等小學就讀，那是一所德國教會所辦的學校。武昌起義時因濟南被波及，隨即轉入青島德文高小。

記：武昌起義，政權移轉，令尊的官也丟了？

孫：家父轉任北京中華大學副校長，我藉機回安慶本籍參加清華學校Tsing HuaCollege的入學考，以第一名錄取，我弟衡人亦以備取第一資格入學。

記：兄弟雙雙入學，那是哪一年？

孫：民國三年（西元一九一四年），我進入清華中等科就讀，直到一九二三年畢業。

記：在清華讀了九年？這是什麼學制？難不成是最時興的「九年一貫制」？

孫：中等科（等於中學）四年，高等科（等於大學）四年。在中等科時，有一年我因玩翹翹板受傷休學一年。

記：您還記得在清華的同班同學嗎？

孫：像梁實秋、李先聞等人跟我是同班，跟潘文炳、關頌聲等人則是前後期的同學。

記：吳國楨呢？

孫：他在學校高我二級、小我二歲。

記：聽說您在學校鋒頭很健？

孫：我是一九二三級的足球、籃球、排球、手球及棒球隊隊長。

記：身體好、人英挺、天生體育人才，球類「五項全能」。

孫：一九二三年班畢業生，八十一人外加專科男女生各五人，從上海乘「傑弗遜總統」號郵輪赴美，接著我就進普渡大學就讀土木工程系三年級。

記：怎麼這麼「好康」，九十一個畢業生全體留美？

孫：清華本來就是留美預備學校嘛！

記：按八國聯軍辛丑和約，清政府應賠美國二千四百四十四萬七百七十八元八角一分，後經老羅斯福總統（Theodore Roosvelt, 1858～1919）決定：未付之一千零七十八萬五千二百八十六元一角二分，自一九〇九年起，作爲大清帝國培植學生並派送留美之用。

孫：「清華園」在一九一一年四月廿九日正式成立，當時分中等科、高等科各四年，那時學校的英文名字就叫 Tsing Hua Imperial College.

記：普渡畢業後就回國嗎？

孫：我一九二七年取得普渡土木工程學士，全班六十六人，只有我一個是東方人，接著又進入維吉尼亞軍校（Virginia Military Institute 簡稱 VMI）。

記：您有沒有搞錯啊！清華大學畢業又讀普渡大學再進維吉尼亞軍校，三度讀大學，還讀軍校，您不會感到委屈？

孫：中國的國病在於貧、病、私、愚、弱，要想「中國一定强」我必須學軍事科學。

記：怎麼不進國立的西點軍校而進了私立的維吉尼亞軍校呢？

孫：進西點必須是美國公民，並且要二名國會議員推薦，所以我只好退而求其次進 VMI。其實這兩所軍校，不論是服裝或制度大致都相同，也一樣的爲國造就人才。

記：據説二校都是法國軍事家克勞澤上校（Colonel Claudius Crozet 1790～1864 年）所籌備創立的。您們有那些傑出的校友？

孫：像馬歇爾元帥（George C. Marshall, 1880～1959），美國歐戰陸軍總司令哲羅（Leonard T. Gerow）等，都出身於 VMI，巴頓將軍（George S. Patton 1885～1945）也在維吉尼待過。

記：您以二個土木工程學士的頭銜去就讀維吉尼亞軍校，學校是否對您有特別優待？

孫：有啊！我於一九二六年二月一日（第二學期）入學，免修工程學科、專修軍事學科，一年半後（一九二七年六月十五日）即畢業獲得文學學士。

記：您在VMI受訓的最大心得是什麼？

孫：帶兵要帶心：嚴而帶慈、厲而兼愛，打而不毒，罰而不狠。

棄高職．就軍旅

孫：軍校畢業後我繞道歐洲、俄國，從西伯利亞回到中國。

記：您抱著「回國治軍」的大志，放棄許多優厚待遇的職位，從基層軍職幹起？

孫：是的。一九二八年七月一日，我應谷正綱先生之邀到南京中央黨務學校（即政治大學前身）任上尉隊長兼教官。

記：當時校長是蔣介石？

孫：對！

記：這麼說來您二十八歲就投效蔣介石，難怪您在民國四十三年十二月二十三日的〈辭職報告〉中稱「趨侍階前二十餘年……」的確沒錯。

孫：我一生立身行事皆以「誠拙」爲本。

記：何謂誠拙？

孫：做人要誠實，做事不求巧。

記：不像有些人以欺世盜名爲能事。取名字盜中山之名而爲中正，半路出家的踢踢正步、擦擦銅環、配件的，就誆人說是日本士官學校畢業，民國十年在上海號子裡混吃、混喝、混黑，差點遭人追殺，乘船南逃，投奔孫中山，卻硬說是在日本參加同盟會追隨總理回國策動辛亥革命……呸！呸!!呸!!!

孫：不談這些了，我只求自身清白，光明磊落就好。

記：您這一生太厚道了，須知古有明訓：「害人之心不可有，防人之心不可無」。

孫：國家是大家的，能幹就幹，不能幹就算了。何必斤斤計較於個人的出處。

記：孫將軍，您在軍中是循序漸進？還是憑美國軍校的資歷，來個三級跳？

孫：一九二九年我離開黨務學校，先任陸軍教導師「學兵連」上尉連長，然後升少校連長。

記：在黨校服務，可謂是「天子跟前門生」，俗稱「近水樓台先得月，向陽花木易爲春」，爲何才幹了一年多就離開了？

孫：練兵、帶兵是我的本行，也是興趣之所在，黨校那種不文不武、非軍非政、不中不西（俄國政工制度）的，很不習慣。

記：在陸軍較有發展空間，而且得心應手？

孫：也不見得。我從一九二九年到三一年的三年間，從少校連長升到中校營長，然後又調任陸海空軍總司令部憲警教導團上校大隊長，接著是侍衛總隊上校副隊長。

記：您又回到「領袖」身邊。

孫：對！那時節黨、政、軍、警、學……莫不一把抓，也沒有什麼制度，上尉、上校高興就敍，隊長、副隊長隨遇而安。

記：所以您升官也升得快，二年內可以從上尉跳到上校。

孫：當然這跟我清華畢業、留美的學位多少有點關係！

亦警亦軍，半軍半警

孫：一九三二年財政部爲了緝私成立稅警總隊，我任特科兵團上校團長，一二八淞滬戰爭我團投入戰鬥，支援十九路軍作戰。

記：用警察投入戰爭，聞所未聞。

孫：在那個時代軍警一家，軍民一體。有時候抓個老百姓給他一支步槍換上軍裝就是兵了，有時候白天是部隊，晚上脫下軍裝還去搶「給養」呢！

記：那簡直是「官兵扮强盜」的劇本，毫無制度可言。

孫：基本上警察與軍人無論在性質、任務、對象、服裝上都截然不同，絕不可混爲一談。

記：對啊！警察的對象是自己同胞，不可任意置對手於死地，軍人則否。警察的制服、武器，黑白鮮明，以突顯其威武，重在恫嚇；軍人則以保護色遮掩其存在，著重實際的殺傷力。警察的任務在安內；軍人則在攘外。

孫：由於軍警不分，難怪軍人打的也是內戰——以殺伐同胞爲能事，以剿「匪」抗「亂」爲職責。

記：這是時代的悲劇，中國人的悲哀！

孫：民國二十六年七七抗戰開始，我升任稅警隊少將支隊長，率稅警第四、五兩團在蘇州河畔參加戰鬥，身中砲彈破片，重傷十一處。

記：聽說還傷到「要害」，差一點不能生育。

孫：後送到香港治療，才得以復原，托上天之福，我後來還育有二子二女。

記：重傷復原後呢？

孫：得到孔祥熙與宋子文的支持，組織稅警總團，任中將團長，在貴州整訓，改番號爲緝私總隊。

記：自此，您從事西南大後方的緝私工作。

孫：一九四一年十一月，緝私總隊改編爲陸軍新三十八師，隨即遠征緬甸。

記：這就是聞名中外的「中國遠征軍」！

孫：一九四二年我師以一個團的兵力，在緬甸仁安羌一戰，擊敗日軍第卅三師團七千多人的包圍，解救出被圍困的七千名英軍……。

記：真有這種輝煌的戰蹟？

孫：日寇十八師團司令部的關防，如今還陳列在軍史館中，誰蓋你呀！

記：這下您大大的出了鋒頭，英美帝國主義的軍隊，一定不相信中國軍隊之慣戰、能戰。

孫：兩國分別頒給我〈英國帝國司令勛章〉C.B.E. 以及〈美國豐功勛章〉。

記：接著就是剿共戰爭？

孫：一九四六年我任新一軍軍長兼長春警備司令、第四綏靖司令官，在長春、德惠、四平街等役，大勝林彪部隊，直逼哈爾濱。

記：可是東北終究還是被林彪「解放」了。

孫：那是戰略錯誤，而非戰術問題。衛立煌為「剿總」司令部，領袖卻又親臨指揮，我的局部勝利並不能改變總體戰局。

記：您的意思是統帥部沒有宏觀戰略，雙頭馬車，外行指揮內行的結果，致使您這個東北保安副司令長官暨陸軍副司令無用武之地？

孫：我可不敢這麼說！後人有詩為證：「統帥有權丟大陸，自可復

職；將軍無力保孤城，當然坐牢。」（王從善作的輓聯）

記：他不但「復」職，還連任五居總統，最後甚至還傳子十年。我看上帝早就打瞌睡去了。

孫：那有什麼辦法！官大、學問大，連卵葩都比衆人大，這是中國官場文化特色之一。

來台灣．練新軍

記：東北淪陷，徐蚌失利，將軍們自裁的自裁、投降的投降、受處分的受處分，您的結局怎樣？

孫：我於一九四九年奉命調任東南行政副長官兼台灣防衛司令兼第四軍官訓練班班主任。

記：這麼說來，大陸失守、土崩瓦解之餘，您不但沒有丟官失職，反而更進一步的受到重用。

孫：領袖高瞻遠矚，有先見之明，知大陸局勢已無可爲，故有在台重新部署的打算。

記：您自民國十七年七月進中央黨務學校追隨領袖，歷經八一三上海淞滬之戰，身負十餘處槍傷、江西剿共、緬甸蕩寇、東北戡亂……無役不從，著有沒世功勛，忠心耿耿，足可光日月昭天地。

孫：是時也，我是全台乃至全國最大、最高領兵權人！

記：其餘的都是一些敗軍之將、烏合之衆，來台後被繳械的繳械、被整編的整編。By the Way 當時您的兵力軍容有多大？

孫：光第四軍官訓練班自一九四七年至五二年，班本部十五、六、七、八、九期學生隊，計有七千七百六十六人，另轄將官班、校官隊、尉官隊、政工隊，及軍士教導總隊、示範隊、騎兵大隊、機械大隊、砲兵大隊、工兵隊、通信隊、入伍生教導總隊（下轄三個教導團），還有女青年大隊、幼年兵教導總隊、台灣軍士教導團（兩個步兵團）、儲訓軍官班、搜索大隊、夜戰隊，砲兵第十三團、傘兵總隊，外加唐守治麾下的陸軍第八十軍、誠正新村、一村、二村……。

記：那五年之中，您超時空的成爲台灣的「南天霸」，那時候的空軍總司令周至柔、海軍總司令桂永清，您都沒把他放在眼中。

孫：他們雖然有幾架破飛機與破軍艦，但敗軍之際，沒有給養與後勤就有如失林的飛鳥與擱淺的海豚，而我的「新軍」總數卻高達二十萬人。

記：陸軍健兒自是不同，只要有人，即便戴斗笠、穿紅短褲、草鞋、急行軍；吃二頓糙米飯配番薯葉、台糖酵母片，照樣轟轟烈烈的幹得有聲有色。

效忠領袖．忠貞不二

孫：尤其一九四九年六月十六日，我在第四軍官訓練班大門口用竹枝和相思樹枝葉，搭起「慶祝陸軍軍官學校二十五周年校慶」的牌樓，兩旁綴著「升官發財請走別路；貪生怕死莫入此門」的門聯，挑選二個排從台南「延平郡王（鄭成功）祠」，點燃「革命成功聖火」，以五千米接力跑，奔回鳳山至司令台，在「崇戎號」中，「獻火」給領袖。

記：什麼叫獻火？

孫：由「獻火」隊長，從火炬筒中抽出「獻火詩」。

記：詩中說些什麼？

孫：這把火象徵著光明！這把火象徵著進步!!這把火象徵著勝利!!!這是一把成功之火，敬獻給我們偉大的校長、偉大的領袖，並祝領袖健康。

記：「疾風知勁草，板蕩識忠臣」，在這危急存亡之秋，手無寸鐵之際，六十四歲的「老頭子」這下豈不感動死了！

孫：他雙目晶瑩含著淚光，以哽咽的聲音，向全體官兵訓話：「黃埔的青年子弟們，我辦黃埔至今，只剩你們這點命根子……有你們在，相信我們反共復國的使命一定可以順利完成。……我把你們帶到台灣，也要把你們帶回大陸……。」

記：我懷疑老頭子前輩子是「九命怪貓」轉世投胎的。

孫：怎麼這樣說他呢？

記：不然他怎麼會有這麼多條的「命根子」。

孫：黃埔是他的命根子，海軍陸戰隊、裝甲兵、傘兵營、鐵衛隊的憲兵營，兩棲作戰的蛙人隊，情報人員，黑蝙蝠中隊，黑貓中隊……全是他老人家不可或缺的命根子。

記：總之，那時候您可是high到最高點！

孫：我在三軍中的地位，真可用「一人之下，萬人之上」來比擬。那「怒濤澎湃，黨旗飛舞……」的黃埔校歌似乎專爲我唱的。

記：不特此也，您的維吉尼亞軍校資歷加上緬甸戰役的功績，更令美方對您刮目相看。聽說您還是麥克阿瑟元帥的座上客？

孫：在他任盟軍駐日統帥期間，一九四九年二月曾派專機接我到日本……。

記：幹嘛？

孫：他跟我密談良久，要我主政台灣，要美援有美援，要槍給槍。我不忍心背叛領袖蔣先生。

記：蔣先生早在一月二十一日聲言下野，而「無權有責」的李宗仁，竟然被蔣封爲「代理總統」，美國人早就看出端倪。「形勢比人強」，大丈夫當如是也，這那算背叛？

孫：麥帥訪台時，除了禮貌性見見蔣先生外，通常都與我會面並進行長談。

記：爲什麼美方這麼看重您。

孫：那時候國民黨全面潰敗，退居台灣，中共中央高喊：「五月渡海」，台灣上下人心惶惶……。

記：蔣先生不是在卅九年（一九五〇年）復行「視事」了嗎？

孫：當時「蔣介石」三字，在國際間早已成爲貪污、無能、獨裁、專制……的代名詞。

記：而您練「新軍」二十萬，成爲「當紅炸子雞」。

孫：早先一九四九年六月二十二日，美國國務院政策計畫處主任肯楠曾向國務院提出報告書，主張：「聯絡菲、澳、印度、巴基斯坦、紐西蘭等國，各派遣一些象徵性兵力，會同美軍占領台灣。」

記：他們在「台灣地位未定論」下，準備進一步搞「台灣託管論」，把你這一位「台灣最有實力的軍人」擺那裡？

孫：「邀請孫立人將軍加入占領軍的新政權……通知蔣介石，如他願留在台灣，當以政治難民身份待之。」

記：這是美國第二度挺您，您只是「心動」，而不「行動」？

孫：我對於充斥著個人權力的領導階層雖然不滿，但對於二十多萬的新軍充滿著希望，反攻大陸絕對有指望。「智、信、仁、勇、嚴」乃軍人武德，我軍人雖不必忠於政客，但必須忠於國家、民族……。我是軍人，練兵、帶兵是我本行，至於領導改變，我外行！我立刻把這危機告訴蔣先生。

記：韓信、漢高祖的事件一再重演……。

孫：再怎麼說，領袖是我的老長官！

記：他將信半疑，還以爲您在「拿蹻」呢！據說當時美國文武官員，均以您爲探望的對象。

孫：韓戰熾烈之時，國軍有援韓之聞，美軍顧問小組AAG（Army Advisory Group）建議由我出任「聯軍副總司令」，率中共、北韓投誠義士反攻北韓。

記：這是準備運用第四軍官班第十八、十九兩期畢業生爲骨幹出援韓戰。

孫：國軍援韓以及反攻鴨綠江的計畫，後爲美國總統杜魯門所否決，麥克阿瑟的聯軍統帥職務也因此被解除。

記：麥帥：「老兵不死，逐漸凋零」的名言，成爲千古絕唱，而您也勢必走上韓信與岳飛的覆轍。

功高而毀來．政治鬥爭下的將軍

記：蔣先生跟您之間，「君臣」關係相得到這種程度，後來爲什麼又有「郭廷亮匪諜案」，導致您被監禁達三十三年之久。

孫：說實在的，領袖很疼我，把我「視如己出」，夫人更是對我另眼相看。

記：把您當乾兒子看待，就像當年他們看張學良一般，最後張學良還不是被「看管」得很慘。根據「經驗法則」，誰做他乾兒子，誰就被「看管」；誰跟他結拜金蘭，誰就死得快！

孫：原先美國對台政策是「棄蔣保台」，「託管台灣」，那時對中共是「砲艦政策」；等到韓戰發生後，美國杜魯門總統於六月二十七日發表聲明：「鑒於共黨軍隊之占領台灣，將直接威脅到太平洋區域的安全……本人已命令美國第七艦隊防止對台灣的任何攻擊，並且已請求台灣的中國政府停止對大陸的一切海空活動……」。

記：換句話說，韓戰後美國對台政策已由原先的「棄蔣保台」，變成「保蔣保台」政策。

孫：韓戰結束，一九五四年十二月美蔣簽訂〈中美共同防禦條約〉後，蔣氏父子已不能再實行「反攻大陸」了，只好全心全力的經營台灣，企圖造成一個「一國兩制」下的小朝廷。

記：「臥榻之側豈容他人酣睡」……，接著就開始了整肅運動。

孫：正是古有明訓：「事修而謗生，功高而毀來」，要說特別整肅我，那也未必見得。

記：可愛的受美國教育的將軍，您被賣了還替人數鈔票啊！

孫：何以見得？

記：我是讀歷史的，讓我們溫習一下一九五〇年代的台灣史吧！

孫：事隔五十餘年，還看得出蛛絲馬跡嗎？

記：一九五〇年三月一日，老頭子復行視事，閻錫山辭行政院長兼國防部長，改任資政，陳儀以「與匪勾結，準備叛亂」在新店被槍斃，曾任國府副主席、立法院長、行政院長的孫科（孫中山兒子），被迫「赴美就醫」滯美不歸；後來（一九六五年）蔣家爲了打「正統牌」，才把他從美國「請」回來，任資政及考試院長。

孫：有利用價值就請你回來，否則一腳踢開！這也是人之常情。

記：誰說不是呢？即使「偉大的領袖」、「民族的救星」、「時代的舵手」也不例外。

孫：同年八月中國國民黨實施改造，領袖提名陳誠、蔣經國爲「中央改造委員」，「本黨採民主集權制……個人服從組織，組織決定一切，少數服從多數，下級服從上級……」，從事「黨外無黨，黨內無派」的徹底

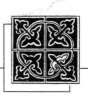

「改造」。

記：當時蔣經國任台灣省黨部主任委員。

孫：那「蔣家天下陳家黨」的陳氏兩兄弟呢？

記：果夫先生患肺癆末期，他的農教電影公司被蔣經國接收，不久就死了；立夫先生被放逐到美國，沒有錢當寓公，只好在新澤西州弄了塊小地皮，老夫妻倆親自養雞，賣炒飯、鹹蛋、粽子以維生，卻在一九六六年被一場大火給燒得血本無歸……六八年又可憐兮兮的回台。

孫：老頭子還算念他當年的「疲勞」，讓他接任中國醫藥學院董事長達三十年之久。

記：吳國楨於一九四九年十二月二十一日在危急存亡之秋任台灣省主席兼保安司令，到了五三年四月十日「因病辭職」，五月間夫婦倆赴美，留下七十六歲的老父與正在讀高中的兒子在台做人質，最後以「套匯美金」之罪名通緝在案，回不得台灣，老死異域。

孫：可憐啊！我的學長國楨兄竟弄得父離子散。

記：同年（一九五三年），總統府秘書長王世杰以「蒙混舞弊，不盡職守」爲由，被免職查辦。

孫：他還算不錯的，後來到違章建築的南港中央研究院去「蹲點」了。

記：您還記得五〇年時，蔣經國任國防部總政戰部主任，並於一九五一年創辦政工幹部學校，計有本科班、業科班、研究班三大部門，業科班又分新聞、美術，影劇、音樂、體育等科系，光政治系一居就招生五百人，是台灣最大的政治系。

孫：能辦教育總是好事，我樂觀其成。

記：您真是七月半的鴨子，不知死活，他辦幹校那來的經費？那來的學生？那來的幹部？那來的女青年工作大隊？接收現有的班底多方便。

孫：「公道自在人心，是非自有公論」，他又能怎樣？

記：他父子倆向來以「匪諜案」去栽贓別人！

孫：有嗎？

紅帽兒高高掛．見者有份

記：您怎麼這麼健忘：陳儀案、雷震案、柏楊案，遠的還有李玉堂（黃埔第一期）案、段雲案……莫不如此。

孫：誰會相信我是匪諜？

記：他可以把您的親信部下炮製爲匪諜，叛處死刑，至於您呢——「知匪不報，與匪同罪」。

孫：那我也應該被判死刑才對啊！

記：他先叫您寫下總統府參軍長的辭職書，然後再貓哭老鼠一番：「姑念久歷戎行，抗戰有功，且於該案發覺之後，即能一再肫切陳述，自認咎責，深切痛悔，茲特准予自新，毋庸另行議處，由國防部隨時察考，以觀後效。」

孫：從此我成爲張學良第二。

記：張學良怎麼能跟您比？他終究是「犯上」，關了老蔣十二天，所以老蔣連本帶利關他一輩子。活該！而您呢？完全子虛烏有？

孫：那郭廷亮爲什麼要害我？在緬甸戰役中，我救過他，他還欠我一命呢！

記：其實，早在陳誠任台灣省政府主席兼警備總司令時（一九四九年），就曾密呈蔣介石整肅您。

孫：有這檔子事？

記：密件代號爲「○一四計畫」。

孫：這○一四的代號有什麼涵意。

記：「○」者，頭頭也，指孫將軍；「一」者，新一軍也；「四」者，第四軍官訓練班也。

孫：其具體內容爲何？

記：㈠訓練司令部改爲督訓司令部（架空），命孫遷往台南。

㈡交出鳳山基地。

㈢改第四軍官訓練班爲陸軍官校，由羅友倫接任，藉以免孫兼班主任。

㈣撤消儲備軍官訓練班。

㈤解散孫自大陸南京、上海、廣州等地召來之入伍生總隊一萬餘人，改爲補充兵。

孫：我全被蒙在鼓裡？

記：軍人不可干政，但卻不能沒有政治警覺。

孫：岳飛就是悲慘的下場。

記：講起岳飛我就想起他的一位部將王俊……

孫：為什麼？

記：王俊以：「爵高祿厚，志滿意得，日益頹惰；淮西之後，逗留不前；公然對將佐倡言，山陽不可守，沮喪士氣，動搖民心」等三大罪狀，告他的長官岳飛「企圖謀反罪」，致使岳飛屈死風波亭。

孫：這個「莫須有」的案子我知道。

記：同樣的，蔣氏父子與陳誠抓了郭廷亮曾在東北被俘的一個小把柄，由陸官少校教官孔惠農、步校中尉科員史崇滙、陸軍第十師政四科科長原景輝等三人出面，控告您的部屬郭廷亮中校有匪諜嫌疑，意圖「發動大規模變亂」。

孫：郭廷亮怎麼這麼傻，認了這個罪名，搞不好要被槍斃的喲！

記：郭廷亮堅決不承認是匪諜，即使百般刑求也不承認有這檔子事！

孫：那為何後來又承認了呢？

記：最後由調查局大毛、小毛兩位「毛先生」親自出面以酒肉款待，曉以「大義」……

孫：什麼大義小義的？

記：根據「匪諜自首，既往不究」的原則，郭中校願一肩承擔所有罪刑，免得延禍長官。

孫：但結果郭廷亮、我以及相關的一百零三人，全遭逮捕歸案，至於因此而受訊問、折磨、打壓、歧視、退伍的……則無法數計。

記：不過，事後他們對郭廷亮在物質上與精神上，給予了相當的補償……。

孫：踐踏人家的人格，强姦人家的意志，如何補償得了。

記：郭員於民國四十四年九月二十六日按匪諜罪「依法」叛處死刑，同日改判無期徒刑，再特赦爲十五年有期徒刑。

孫：怪事年年有，台灣特別多。那有在同一天內判了三次刑的？

記：更奇怪的還在後頭咧！郭員從民國四十四年到四十八年的四年「管訓」期間，還占缺升了上校；四十八年到六十四年的十六年在綠島「服刑」期間，郭家每個月都獲得國防部一千六百元的「生活補助費」；民國六十年開釋後以「英文教官」的職稱，獲聘於綠島圖書館，月薪從五千元升到九千六百四十元；七十二年九月至七十七年九月受聘爲「綠島指揮部養鹿主任」、月薪二萬元並按股金比例每年分紅。

螳螂捕蟬．黃雀在後

孫：郭廷亮這個狗腿子竟然幹了「死道友，嘸的是死貧道」的缺德事。

記：他那裡會知道真相？他被隔離在綠島，還一直以爲在替有「救命之恩」的老長官頂罪呢！

孫：可憐的廷亮，愚蠢的廷亮啊！你就這樣一步步的被人「引君入甕」啊！

記：不特此也，從民國七十七年九月後，他又再度獲聘爲「養鹿主任」五年。總之，從民國四十四年起郭中校（後來升爲上校）在綠島一直以高薪厚祿被「照顧」著。

孫：這是要讓他永遠被蒙在鼓裡。

記：至於郭的家人，起先被安排在台北劍潭安全局的住所，後來劍潭移交給救國團後，警總花二十萬元讓他搬家到中和仁愛街，後來又支助六十萬元搬到中壢，至於其他名目的「生活費」、「補助費」更不在話下……。

孫：郭廷亮就這樣永遠、永遠的被矇在鼓裡，不知不覺的做了缺德事，還自以爲是替長官我消罪呢！

記：直到民國七十七年一月十三日蔣經國去世時，將軍您才被「解穴」，獲得自由。

孫：「自由」對於一個風燭殘年的九十歲老人，已經沒有意義，還我清白最重要。

記：將軍的清白，現在總算還了？

孫：那也是聊勝於無而已。至於我那數十萬名「新軍袍澤」的清白、前途又如何還法？

記：這真是個時代的悲劇。

孫：真所謂「一將功成萬骨枯」，我欠他們的太多了。

記：戰士們不「枯」在沙場，竟然「枯」在政治鬥爭中。

孫：後來郭廷亮怎樣了？我最關心的還是他，孫案的關鍵，全在他一個人身上。

記：解嚴後，他的「工作」仍然在綠島「養鹿」，而且有探親假、年休假之類的自由活動。當他知道真相後，每次回到台灣即參加集會，找立委、袍澤要爲孫案串連平反。

孫：他會死得很快……。

記：果不其然，民國八十年十一月十六日，他攜資料到台北參加平反集會，在搭火車回中壢的車程中，竟然在桃園火車站「跳車」，身亡於月台上。

孫：火車在月台、剛起步，即使跳車，也不會嚴重到因「交通事故」而「跳車身亡」。

記：由士林地檢署代爲相驗，「無他殺嫌疑」。

孫：這檢察官也真他媽的幽默，先來個因交通事故「跳車身亡」，大事化小，小事化無，免得惹禍上身……。

記：再來個「無他殺嫌疑」，留下「此地無銀三百兩，對門王二不曾偷」的伏筆。

孫：檢察官英明……。

記：檢察官萬歲！萬萬歲！李登輝說：「台灣司法萬萬條，只欠金條」，真不愧是千古名言。

孫：郭廷亮自以爲聰明，反被聰明誤，結果遭到暗算，果真是「天理昭昭」。那其他的人，就逍遙自在嗎？

天道循環・屢應不爽

記：老蔣死後十年小蔣死。小蔣死後又十年，草頭老將軍府上所有男口都死光光，一門七寡婦，從一百零四歲到四、五十歲的都有，連一個非本家的孫子也中風死在北京。老蔣的銅像一個個被潑糞、支解推倒……。

孫：不是聽說還有一個「外」孫吵著要歸宗嘛！

記：不歸宗已經鬧得緋聞連連、笑話年年，若是歸宗的話「穩死吔」。

孫：那陳家呢？他們是台灣四大世家——陳、連、錢、沈——之一，各領風騷數十年，風光透頂。

記：陳公子從大學校長、教育部次長、黨副秘書長、國科會主委、國防部長、監察院長……簡直是「十項全能部長」。

孫：這跟另一「公子」，從系主任、所長，大使，外交、交通部長、省主席、行政院長、副總統到黨主席……莫不循「序」漸進，吃乾抹盡，有異曲同工之效。

記：又是一個「政治十項全能」……

孫：別人都死光光算了。

記：那也不見得，天道循環，自見道理！

孫：怎麼說？

記：陳家主人公原先葬在泰山鄉一個一甲多地的豪華墓園裡，老退伍軍人每天用鋤頭、十字鎬去敲擊他的大理石外槨哭墓。

孫：此情此景何以堪？

記：最後只好以「生不擁屋，死不占地」，檢骨火花，缽藏於佛光山，免於粉身「碎」骨，鬥臭！鬥爛！

孫：據說他的兒子、孫子一個個都很優秀、很拔尖，先後以「數學資優生」、「音樂天才生」、「美加小留學生」等名堂到外國，分別得了十個以上的博、碩士回來。

記：表面上風光千種，暗地裡被一個不知從那兒迸出「四結四離」的春花道姑，弄得全家人妻離子散。出家的出家、參禪的參禪、智障的智障……慘不忍睹吶！

孫：巧取豪奪加上狼吞虎嚥，把「子孫飯」都吃光了。

記：還有，那對主人公父子倆，經過一甲子的「屠毒天下之肝腦、敲剝天下之骨髓、離散天下之子女」，極盡一切燒、殺、批、鬥所得來的天下，最後竟然拱手讓予親自選定的「孱斗」接班人加以踐踏、誣滅、扭曲……。

孫：這真是個諷刺的世界，滑稽的人間。

記：將軍，您安息吧！您夫婦三人養雞、養鳥、種「將軍玫瑰」……爲了生活，苦了三十三年。

孫：我五十歲才得子，總算上天有眼。

記：他們叫什麼名字。

孫：中平（女）、安平、天平、太平（女），兩女兩男。

記：有特別涵意嗎？

孫：我一生最大的願望是：「中國安定，天下太平。」

記：他們書讀得怎樣！

孫：雖沒作官，也沒發財，三個念清華，一個念輔仁……都學有所長，各有專精。

記：他們沒考取台大？

孫：我是「清華人」，一生以清華爲榮。他們參加大學聯考時，都以清華爲第一志願，考研究所時即使同時考取台大也叫他們選讀清華。

記：您不但忠於領袖，還忠於您的學校與學術，實在難能可貴。

孫：遺憾的是，時不我與，已是百年身！

記：就讓歷史之長河去嗚咽罷！嗚……嗚……。

詩人篇

謫仙下凡的羅密歐
～李白訪問記～

「李白斗酒詩百篇，長安市上酒家眠，天子呼來不上船，自稱臣是酒中仙。」讀了杜甫這首〈飲中八仙歌〉，映入眼簾的是：一位醉聖詩仙，亦儒亦俠，仙風道骨，桀驁不馴，卻又任俠仗義，以天下為己任的李太白。

在史冊上，他沒有豐功偉業，飲酒作樂，浪跡天涯，過了平凡而醉醺醺的一生；在文學上，他詩才洋溢，寫了一千一百多篇的詩文，而其中提到酒、樽、壺、斛……的就有三百首。

「吾愛孟夫子，風流天下聞，紅顏棄軒冕，白首臥松雲；醉月頻中聖，迷花不事君，高山安可仰，徒此揖清芬。」這是三十歲時的李白，稱頌四十歲孟浩然的詩。其實，您只消將詩中「孟夫子」三字改為「李太白」，那就成為李太白的「自畫像」

（selfimage）了。十足的藉他人酒杯，抒發胸中塊壘。「風流天下聞」，「舉杯邀明月」，迷戀楊貴妃，不把唐玄宗、高力士看在眼裡的，不正是謫仙詩人李太白嗎？

李白說：「詩有別才，酒有別腸」。李白固然因詩酒成名，也因詩酒落魄。正所謂「成也詩酒，敗也詩酒」。我們看他的〈贈內〉：「三百六十日，日日醉如泥；李白雖有婦，何異太常妻。」可憐的李白夫人，嫁了個一年只有五天清醒的醉鬼丈夫。

讓本記者專訪詩人，一探究竟。

高額、突顴、深目、鷹鼻

記：李白先生，您好！請接受記者的專訪。

白：沒問題，打那兒說起呢？

記：就從您的姓氏說起吧！

白：我姓李，名白，祖籍隴西成紀（今甘肅天水）。

記：聽說您跟大唐天子李家關係十分密切？

＊李白像

白：若按輩分來算，我乃漢李廣將軍的後代。西晉末，隴西西涼國主李暠即我遠祖。我祖父李爺，乃太宗李世民的堂兄弟，因「玄武門之變」，被流放於西域之地，因而我祖爲我父取名思漢。

記：思漢！思漢！意即一心想回中原漢地。

白：到了玄宗開元三年，玄武門事變「解嚴」，獲得平反之後，我們全家搬到四川省廣漢縣青蓮鄉落戶。

記：所以您號青蓮居士？

白：對！對！爲紀念回中原後的第一個故鄉。

記：那您爲何名「白」？

白：你這個記者是戶口調查員出身的嗎？

記：看您的外貌——高額、長頸、突顴、深目、鷹鼻、厚唇、白膚……又出生在隴西，敢情您有胡人血統。

白：不錯！隴西李氏本就有鮮卑人血統，而我的「阿娜」（母親）月娃是道地的突厥姑娘。

記：啊！就是現代維吾爾人嘛。還有您字太白，是否也是因爲白皮膚的原因；否則，您很可能被命名爲李黃，字太黃：或李黑，字太黑了。

白：那倒不是！

記：那是什麼原因？

白：我母在分娩的那天晚上，夢見天上的太白金星掉落在她懷裡，一驚而醒，當夜就生下了我。

記：這麼說，您真是太白金星下凡來，難怪你說：「大塊假我以文章」。完全是天賦有以致之。

白：我父在我五歲時把我抱在膝頭認「六甲」。

記：何謂六甲？

白：所謂六甲乃指甲子、甲寅、甲辰、甲午、甲申、甲戌而言……，十天干與十二地支，搭配起來正好六十之數，亦即六次遇「甲」。

記：換句話說，您在五歲時就已認方塊字，並且能按甲子配對的最小公倍數，數數到六十。

學書、學劍，辭親遠遊

白：我十歲學作詩、填詞，讀諸子百家之書；年十五修劍術，至廿五歲出蜀入楚。

記：十年之間您讀書、學道、練劍、練琴，練得一身「十八般武藝」，準備闖蕩天下。您心目中可有「標竿」人物。

白：管仲、樂毅、蘇秦、張良、韓信、孔明、謝安……這些安邦定國、豪傑之士，全是我效法學習的對象。

記：您是在哪一年「仗劍去國，辭親遠遊」的？

白：玄宗開元十六年（西元七二八年），我「渡遠荊門外，來從楚國遊；山隨平野盡，江入大荒流。」〈渡荊門送別〉，出川入荊。

記：那時候您是什麼心境？

白：有詩爲證：「大鵬一日同風起，扶搖直上九萬里。」〈上李邕詩〉，我要像大鵬展翅一般的直衝青雲。那時我有宏觀的眼界，我塊視三山，杯看五湖。

記：面對著滾滾紅塵的大千世界，以及人海茫茫的芸芸衆生，您如何展開成功的第一步？

白：時當開元盛世，天下承平日久。我原想行俠仗義，做個「仰天大笑出門去，我輩豈是蓬蒿人」，「由來萬夫勇，買醉入新豐，笑盡一杯酒，殺人都市中」。像田仲、劇孟、荊軻、蓋聶……一樣的任俠豪傑之士。結果，時不我予。

記：您參加了進士考？或是博學宏詞試？

白：那種「貓鼠仔爬樓梯」，朝九晚五的公務員生涯，連「夏日抱長飢，寒夜無被眠」的陶淵明，都懶得「爲五斗米折腰」，何況我這個「腰纏萬貫，載妓隨波，筆搖五嶽，詩成嘯傲」的謫仙詩人醉翁呢！

記：那您要怎樣？

白：我帶了我的詩文創作集，用投遞名片、上書請益的方式，透過官吏的推薦，來展現我那周濟蒼生，建功立業的志向。想著，想著，有朝一日也能「歸時倘佩黃金印，莫見蘇秦不下機」的氣慨。

記：結果呢？

白：哎！文人相輕自古已然，他們看我個性奔放率真，天才洋溢，就已經不爽了；還有的只欣賞我的道骨仙風，花銀子如流水；總之，也只是叫好不叫座。

記：撒網水中，總不至於次次落空吧！

難兄難弟，孟君浩然

白：所幸在襄陽結識了第一位「我的朋友」——孟浩然。

記：就是那個「春眠不覺曉，處處聞啼鳥，夜來風雨聲，花落知多少？」每天睡懶覺的慵懶詩人。

白：我一見他就喜歡，立刻寫了一首詩送給他：「吾愛孟夫子，風流天下聞。紅顏棄軒冕，白首臥松雲。醉月頻中聖，迷花不事君……」做爲見面禮。

記：這根本是您自身的寫照，您們兩個也可真說是「臭味相投」了。

白：由於他使我成爲陳子昂、宋之問、賀知章……等「仙宗十友」；更由於他使我成爲張說、張九齡、李華……等「七賢過關圖」的一員。

記：孟浩然成了您入世之媒。

白：我更因爲他而定居安陸（在今湖北省），娶了前宰相許國師的孫女，生下一雙名叫伯禽與平陽的兒女，並且結交了以孔巢父爲首的「竹溪六逸」。

記：「懶搖白羽扇，裸袒青林中，脫巾挂石壁，露頂濃松風。」在千竿修竹下，逍遙又自在，比之陶潛筆下的〈桃花源記〉還灑脫。您們在竹林中「裸奔」？

白：那是我的〈夏日山中〉的實景。

記：之前，在四川您有十年的「學習成長」生涯，現在又過了另一個十年的「以文會友」生涯。

白：接著進入我的第三個「十年生涯」規畫。

記：該從何處入手呢？

白：想從訪仙學道進階！

記：爲什麼？

白：時代潮流所趨。

記：真有此事？

白：道教是唐朝的國教，我要藉著求仙學道，作爲做官的終南捷徑。

記：從「老子」經「道觀」，乃通往「皇室」，加官進爵的直接路線。

白：我求仙、學道、培養聲望，進而結交天下仙客術士。從長沙、岳陽到揚州，兩度泛舟洞庭。東至江南，西訪太原，北上齊魯，詩名滿天下，相識天下滿。

記：結果怎樣？

白：不到十年，散金三十萬。

記：您不後悔？

白：有什麼好後悔的？「天生我材必有用，千金散盡還復來。」〈將進酒〉。

記：流光蹉跎十年，已居不惑之年，錢也花光，怎麼辦？

白：我在一天之內，突然之間覺得「棄我去者，昨日之日不可留；亂我心者，今日之日多煩憂。」我的憂國憂民，憂人憂己，有如「抽刀斷水水更流，舉杯消愁愁更愁。」

記：好耳熟的詩句，好像在那兒聽過？

白：那是我的佳作名言。

記：噢！我記起來了！那是黃安唱的〈新鴛鴦蝴蝶夢〉中的一句歌詞。

白：他的歌詞是怎麼唱的？

記：「昨日像那東流水，離我遠去不可留。今日亂我心，多煩憂，抽刀斷水水更流，舉杯消愁愁更愁……。」

白：他怎麼可以剽竊我的作品，我要依「著作權法」，告他：「擅自重製他人著作，公開播送、改作……」，叫他損害賠償。

記：我看没有用的。在著作權法下，作品只保護到作者死後五十年爲止。五十年後已經變成「公共文化財」。您那作品已超過一千二百多年，任何人都可引用。

白：但總不能竊爲己有啊！

記：我會去立法院替您申訴；您要找誰做您的法定信託人？

白：李登輝好了！

記：那真是「名」「實」相符，而且也姓李，當今國民黨「榮譽頭家」，絕配！絕配！

一杯、一杯、又一杯

白：當我正覺蹉跎時光，處於大惑的「不惑之年」，卻仍心慌意亂，未能一展抱負，了卻平生忠君愛國之志，只有不停的借酒澆愁。

記：有用嗎？

白：醉了什麼都不知道，當然有用。

記：醒了不是更痛苦嗎？

白：所以我只好「一杯，一杯，又一杯」不停的喝。

記：像這樣的喝法，一定很傷身的。

白：不喝卻傷心，與其傷心不如傷身。

記：您都一個人喝？還是很多人一起喝？

白：喝愁酒，喝悶酒，當然是孤獨一個人喝。

記：可是看您的〈春夜宴桃李園序〉：「況陽春召我以煙景，大塊假我以文章……開瓊筵以坐花，飛羽觴而醉月。」多曠達，多瀟脫，多豪情。

白：那是應酬，那是聚會啊！您沒有讀到「孤猿坐啼墳上月，且須一盡杯中酒。」

記：您坐到「墓仔埔」的墓碑上喝酒。

白：我還「舉杯邀明月，對影成三人。」「白兔搗藥秋復春，嫦娥孤淒與誰鄰？」

記：原來您最忠實的酒伴，乃是月亮。這麼說，您是個表面風光，其實骨子裡是最寂寞的人了。

白：所謂「相識滿天下，相知無一人」，就是我的寫照，還好我碰到了吳筠。

記：誰是吳筠？

白：吳筠的詩文高超而玄妙，頗有道家味道，又身爲道士，名震朝野，很受玄宗唐明皇的器重，封以「待詔翰林」。由於他是道士，又跟「玉真公主」（女道士，號「持盈法師」，乃玄宗親妹妹）有特殊關係，常在玄宗面前走動。

記：您跟吳筠又怎麼認識？

學仙、學道、學士

白：我因學仙，亦有不少「道」上的朋友，像元丹丘，還有我的續弦夫人宗氏，也篤信道教，還認識李騰空道姑（宰相李林甫的女兒）。

記：這下您的人際關係，真可說是「道」高一尺，足以登堂入室了。

白：再加上詩人賀知章的大力鼓吹，玄宗下旨宣我入宮。

記：是不是那個「少小離家老大回……兒童相見不相識」自號「四明狂客」的賀季真？玄宗如何召見您？

白：皇帝在金鑾殿步下台階，親自迎接，與我談論天下大事，我除了

*唐玄宗

對答如流外，還面呈「條陳」一章，獻給皇上。

記：皇上有沒有給您官做？

白：皇上立擢我爲翰林學士。

記：這翰林學士有多大？

白：是一種文學侍從官，專掌內命（由皇帝發出的機密文件，如任免宰相，宣布討伐令等），這個職位可大可小，可高可低。

記：何謂可大可小，可高可低？

白：全看皇帝的好惡，有時參與機要，大內賜宴，號稱「內相」，是宰相的候補人；否則詞臣是閑官一個，粉飾太平，點綴繁華而已。

記：舉個例子說吧！

白：我剛任翰林學士，正好碰到了番邦使者，遞到任國書，竟然沒有人能讀，我挺身而出，當著突厥使者，朗朗念出，並以突厥文作答，番使爲之語塞，五體投地，叩頭如搗蒜，從此不敢興兵作亂！

記：您又不是政大邊政系畢業，怎麼懂得維吾爾語？

白：別忘了，我媽是維吾爾姑娘；基本上，維吾爾語是我的母語（mother tounge），我當然十分精通。

記：這時候您最神氣。

白：皇上龍心大悅，在七寶方丈賜食，御手調羹，事後還龍巾拭吐。

記：何謂七寶方丈？

白：那是唐明皇的大龍床。四周三公尺見方，有頂、有柱、有幃，有如一個小房間，四面裝飾著七樣皇上最喜歡的珍玩。

記：是那七寶？

白：七寶者，指用金、銀、琉璃、玻璃、瑪瑙、珊瑚、珍珠鑄成的珍玩。

記：諸如：小叮噹、史奴比、櫻桃小丸子、小鹿班比……。

白：對了！

記：換句話說，這張龍床除了皇上與貴妃睡過之外，只有您睡過嘍！

白：想當然耳！

記：可是當皇上不喜歡時……。

白：伴君如伴虎，搞不好惹來殺身之禍！

記：有這等事？說來聽聽。

白：天寶二年（西元七四三年）春天，宮中萬花怒放，沉香亭畔的牡丹尤妍。

記：美景當前，這是飲酒賞花的美好時光。

白：名花、醇酒、美女、歌伎、絲竹之樂……只欠新曲雅詞。

初見楊玉環，驚為天人

記：於是您應命被宣召入宮？

白：那天傍晚，我本已在寧王府喝得爛醉。經噴涼水後，第一次見到國色天香的玉環小姐，更是心猿意馬，心中萬鹿亂撞，根本無法整理思緒。

記：但是玄宗還是要您作詩填詞？

白：我只好要求「倘陛下賜臣無畏，始可盡臣薄技。」

記：他答應了？

白：爲了歌舞昇平，誇耀後世，留下大唐帝國的空前繁華紀錄，還叫風華絕代，纖手藕臂的玉環小姐替我研墨濡筆，叫高力士替我寬衣脫靴……。

記：天下之至尊至榮，也不過如此而已！李白呀！李白！您不枉負此生了。

白：面對此情此境，我陷入意境曼妙，無限遐思之中，援筆直書〈清平調〉三首之其一：「雲想衣裳花想容，春風拂檻露花濃，若非羣玉山頭見，會向瑤台月下逢。」

記：您句句詠牡丹卻句句詠貴妃。以牡丹之豐艷比擬貴妃之豐潤艷麗。

白：就如同牡丹之異種必自仙境，有如貴妃之國色亦罕見於人間一樣。

記：好詩！好詞！好比喻！那第二章呢？

白：「一枝穠艷露凝香，雲雨巫山枉斷腸，借問漢宮誰得似，可憐飛

＊清蘇六朋繪清平調圖軸

燕倚新妝。」

記：這「一枝穠艷露凝香」當然一語雙關：指的是穠艷之花，進一步是指穠艷如花的美人囉。

白：不錯！解得好！

記：不過這「雲雨巫山枉斷腸」我就不得而解了。「巫山雲雨」豈不是指……指……男女私情，從事「創造宇宙繼起之生命」的那回事？

白：對了！我譏諷一朵鮮花插在牛糞上。

記：怎麼說？

白：一個絕世的美艷少婦，竟然被一個年已六十二歲的糟老頭霸占著，以致虛度夜夜春宵，我怎麼不替她「枉斷腸」呢？

記：而且玉環原是秦王李瑁之妃，後來全家姊妹四人全被李瑁之父玄宗納入宮中，分別號爲韓國、虢國、秦國夫人與「娘子」。

白：不只我枉斷腸，相信玉環也夜夜柔腸寸斷。

記：您的結論是……

白：玉環還不是像漢朝的趙飛燕一般，被玩弄於糟老頭的股掌之中，只能看又不能吃、吃又吃不下。

＊西安興慶公園内的沈香亭

記：那第三章呢？

白：「名花傾國兩相歡，長得君王帶笑看；解釋春風無限恨，沉香亭北倚欄干。」

記：前二句是說名花、美女全爲帝王所有……。

白：我這春風依然在沉香亭北，痴痴的吹著冰冷的欄干。

記：這清平調原來是您獻給楊玉環小姐，驚天地、泣鬼神的三個「愛的樂章」。當時玄宗那糟老頭有沒有發現其中奧秘。

白：皇上是個老番癲，他還興奮得快發癲了。

記：那玉環小姐知不知您的用心？

白：女人對這方面最最敏感了，她秀外慧中、冰雪聰明，當然一點就通。從此她沈浸在「純純的愛」的甜蜜暖流中，享受著從來未有的愛戀。

記：後來您們有沒有像司馬相如和卓文君那樣演出「私奔記」？

白：玉環小姐是理智的，儘管她在宮中跟乾兒子安祿山、跟她的乾哥哥楊國忠，可以假戲真做、搞七捻三，但卻不敢跟我真戲假做，結下情緣。在李龜年樂師與高力士宦官看出端倪之前，玉環叫我趕快離開，免惹殺身之禍。

記：您什麼時候離開的？

白：第二年（天寶三年）傷心地離開了京城，接著玉環小姐接受了玄宗給她「貴妃」的封號。自此，我的詩詞中再也見不到「楊玉環」三個觸目驚心的字眼；我恨、我怨、我「没路用」！

記：從此玉環成了「死會」，情何以堪？

白：我就此浪跡天涯，漂泊半生。

記：貴妃玉環不再是您心中的玉環，那您以後二十年的日子是怎麼過的？

白：天若不愛酒，酒星不在天；地若不愛酒，地應無酒泉。……三杯通大道，一斗合自然。三百六十日，日日醉如泥……。

記：您每年只有五天不喝酒？

白：正月初一到初五。

記：爲什麼？

白：Pub不開門！

記：曾經滄海難爲水，除卻巫山不是雲！大唐羅蜜歐，您安息吧！

May Good bless you!

安得廣廈萬千間、大庇寒士俱歡顏

～杜甫訪問記～

唐玄宗天寶十四年（西元七五五年），營州雜胡安祿山與其突厥部將史思明，率兵十五萬由范陽起兵，長驅南下。不到兩個月，攻陷東都洛陽；次年正月，稱大燕皇帝，六月破潼關，京師長安陷落。這一場戰事經玄、肅、代宗三朝，歷八年之久。一方縱容胡將、番兵瘋狂燒殺擄掠；一方激起中原人民奮勇抵抗。致使大河南北生靈塗炭，國力摧傷，陷於萬劫不復之局面。

「文學反映時代」，本文主人公杜甫先生，以其短短的五十九年歲月（西元七一二～七七〇年），一千四百多首的詩作，正全面的反映了這個動亂時代民生的苦難和哀歌。

記者現親訪我國歷史上最偉大的現實主義悲情詩人。

系出名門、落拓一生

記：喂！喂，前頭那位腳趿開口麻鞋，身穿凸肘露臍衣，通體「五味雜陳」的「老芋仔」，請讓開一點，待會兒大唐詩人即將光臨，別讓他見到，否則大大的損傷了我「亞洲四小龍」經濟奇蹟的門面。拜託！拜託。

杜：我這一雙「前門賣生薑，後門賣鴨蛋」首尾兩空的「涼」鞋，加上這一身「該露的地方不露，不該露的地方大露」，不正是時下俊男辣妹的應時打扮？

記：您那「鮑魚之肆」之味呢？

杜：哲學家老子不是說過：「五色令人目盲，五音令人耳聾，五味令人口爽……」什麼叫臭，又什麼叫香？夜來香是極香，也往往極臭；這是你們待客之道嗎？

記：哦，原來您就是大唐詩人杜甫先生，失敬！失敬。在我想像中，詩人該是豪放不羈，「放蕩齊趙間，裘馬頗清狂！」才是，您怎麼落魄成這個田地。

杜：自天寶十四年（公元七五五年）安史亂後「胡騎長驅五六年，有弟皆分散，無家問死生。我已無家尋弟妹，三年奔走窮皮骨。」才會落得這個樣子。

記：「大軍之後，必有凶年」，戰爭使人貧困，不只是詩人的不幸，也是整個國家、社會的不幸。

杜：孔子說：「邦有道，貧且賤焉，恥也；邦無道，富且貴焉，恥也。」

記：因而，貧窮並不可恥；可惡的是居大位的領導人，仍然還是「做大官，放大屁」，一副事不關己的樣子。

杜：不過，我杜甫雖然窮苦一生，但說起我的先祖，可都是顯赫一時的人物。

記：何以見得？

杜：像晉朝征南大將軍杜預，他精通戰略，武功顯赫，平吳有功，封當陽侯，時人稱爲「杜武庫」。

記：意即識多見廣，有如活字典般的人物。

杜：他是我心目中的典範，我對國家的忠愛與經國濟世的抱負，多來自於他對我的啓迪。

記：嗯，有一個聲名顯赫的祖先，而且對國家有功，對後世子孫而言，的確有極大的示範作用。

杜：我的另一位先祖杜審言，曾在武后、中宗時任職修文館學士，爲一極富盛名的大詩人。

記：那麼令尊呢？

杜：我父叫杜閑，是個不得志的讀書人，以「奉天令」終其一生，一如他的名字，他閑散地過了一輩子。

記：這麼說來，您之所以成爲我國歷史上最偉大的詩人，乃是「其來有自」的？

杜：承你嘉言，所謂「一分耕耘，一分收穫」，我是在刻苦勵學下，才能擁有「下筆如神」的功力。

家學淵源，讀書萬卷

記：現在該介紹您自己了吧！

杜：我名甫字子美，原籍湖北襄陽。

記：這「名」和「字」之間可有特殊關聯？

＊杜甫

杜：甫者美男子，也是對人的一種尊稱。如問人名號叫台甫，尊稱別人的父親叫尊甫，稱孔子爲尼甫。

記：您這名甫字子美，乃以字副名，屬於「同訓」；爲什麼有人說您是河南鞏縣人呢？

杜：曾祖伊藝公曾任鞏縣令，遂世居於此，落籍爲「新河南人」，有時我也自稱「鞏人」。

記：爲什麼您又自署「杜陵布衣」與「少陵野老」？

杜：我四十歲（西元七五一年）那年在長安東南角「杜陵」旁邊的少陵地方，過著貧困潦倒的生活。

記：爲什麼又有人稱您「杜工部」？

杜：五十三歲（西元七六四年）我的朋友也是我一生的貴人嚴武，出任成都尹，他任命我爲「節度參謀檢校工部員外郎」，所以後人稱我爲「杜工部」。

記：能否請你回憶一下您的幼年生活吧！

杜：我母親很早就去世，從小寄養在姑母家，少小多病，雖然生活貧困，但好學不倦。

記：我看您「貧困」是謙虛；「好學」倒是真的。您常說「羣書萬卷常暗誦」〈可嘆〉，「讀書破萬卷，下筆如有神」〈奉贈韋左丞史〉，在在都證明您刻苦用功學習的情形。

杜：在我六歲時就已看過公孫大娘舞劍，十歲出入岐王府聽李龜年的歌唱。

記：可見您出身在一個文化水平頗高的家庭；什麼時候立下「致君堯舜上，再使風俗淳」經國濟民的大抱負？

杜：我七歲就立下壯志，要像鳳凰一樣的遨翔天際，九歲有書法作品成集，十四、五歲參加地方性的考試。

記：是否得到名家的讚賞。

杜：嗯！得到崔尚、魏啓心等人的誇獎。

記：如何誇獎法？

杜：他們一致認爲我的文章可以與班固、揚雄等人相比。

記：可見您小時已了了，大了還更佳。

行萬里路，尋營生機

杜：我書讀到二十歲，便出外遊歷。

記：正合乎古人「讀萬卷書，行萬里路」的明訓，您反其道而行？對了！您到過哪些地方？

杜：我到吳、越遊歷了三、四年。見過東晉，王、謝家遺跡，拜謁了吳王太伯、闔廬以及越王勾踐的莊園勝跡，遙想勾踐復國與秦王渡浙的雄偉場面，當然最令我印象深刻的是「越女天下白」了。

記：您有沒有思考過，爲什麼紹興會出像西施那樣的美白少女？

杜：紹興水質好，釀好酒，出美女，我想可能跟鑑湖的水，清澈冷冽有關。

記：遊罷歸來後，可有新的見識？

杜：我欣賞了江南秀麗山水、美女，開闊了眼界；對我日後的文學修養、詩詞創作，有著極大的啓示；當然，「到今有遺恨」的是未能浮海到日本一遊。

記：您有「生涯規畫」嗎？

杜：嗯，有的。我決定寒窗苦讀十年，一舉成名後，實現我那「致君堯舜上，再使風俗淳」的政治抱負。

記：那是否如願以償？

杜：有道是：「事不如意常八九，人可與言無二三」。

記：前一句是指您屢試不第……。

杜：沒錯！進士科考始於隋大業中，而盛於貞觀，所謂「太宗皇帝真長策，賺得英雄盡白頭」；尤其開元以後，應詔考進士的，多則二千，少則不下千人，其錄取率，往往百不得一。

記：哇，比現在的高考還難考啊！

杜：再加上當時考試規定用四六駢體文，這是我最不擅長的。

記：那後一句：「人可與言無二三」，是說你的知音，那又是誰？

杜：他大我十一歲，李太白先生，是我在是天寶三、四（西元七四四、七四五年）年間，在東都洛陽結識的。

記：你們的年齡相差十幾歲，不會有「代溝」（Generation Cap）的產生？

杜：我倆都是生不逢辰，同樣的狂放不羈，一樣的喜歡喝酒。

記：我讀過您的〈遣懷〉詩：「憶與高李輩，論交入酒壚。兩公壯藻思，得我色敷腴……」

杜：高適、李白和我，經常「醉眠秋共被，攜手日同行」。我曾寫過：〈贈李白〉、〈夢李白〉、〈憶李白〉、〈懷李白〉、〈寄李白〉等詩給李白，足見我倆交情之深，之篤。

李杜仙聖：同中有異、異中求同

記：李白號稱詩仙，您被譽爲詩聖，可否說明二人不同之點？

杜：李白天才洋溢，詩風道骨，一心求仙學道，有如道家，是一個出世主義者。

記：所以李白專詠風花雪月，美人醇酒。

杜：我則專述社會現象，家國之思。

記：李白曾取笑您詩寫得太辛苦，您怎麼說？

杜：的確如此！爲了完成一首詩，往往撚斷好幾根鬍鬚，有時還抓下一大把頭髮。

記：哇！這未免太誇張了吧！

杜：爲了尋找靈感，所以……把頭頂心的頭髮都扯光了，成了個禿顱兒。

記：這叫「地中海禿」！

杜：我聽不懂你在說什麼？

記：這是說凡是頭頂心禿光，像您這樣四周還有頭髮的叫地中海禿，又叫「馬桶蓋禿」，也叫「蓮花座禿」……。

杜：禿頭還有這麼多學問？

記：兩邊(鬢)還有頭髮，從前額到後頸禿光的，叫「高速公路禿」。

杜：我看過那種後腦上邊一塊圓圓的，前腦一塊彎彎的，中間又隔著頭髮的，叫什麼來著的？

記：那叫「日月潭禿」，前邊是月潭，後邊是日潭……。

杜：中間當然是光華島了。

記：還有一種「撒哈拉沙漠禿」！

杜：想必是整個頭光光的，一根頭髮都沒有，只有三、兩根汗毛在頭頂心飄盪，飄盪的。

記：還有一種禿頭是：在禿頭中還東一撮、西一撮的像綠洲般殘留著髮塊……。

杜：那肯定是「戈壁禿」了。

記：有次我去「國家音樂廳」欣賞交響樂團演出，指揮者長髮及項，正背對著我奮力用心指揮……。

杜：您是聽音樂？還是看表演？

記：謝幕時，他一轉身，那曉得他的頭亮得竟然跟五百支燭光的燈泡一樣……

杜：這！？

記：這叫「十分寮瀑布禿」。

長安十年、蹉跎困頓——第一期創作

杜：我於天寶五年（西元七四六年）來到京都長安。

記：是倦遊了嗎？

杜：那年玄宗下詔，凡有一藝之長的都可去應試做官。

記：那是一種甲等特考，用以選拔高級公務員——簡任官。

杜：我和元稹等人都去報考，結果没有人考取。

記：怎麼回事？

杜：原來這是宰相李林甫把持下的一個騙局，應考者一個也沒被錄取。

記：錄取的全是他的內定同夥人，國家名器做爲他「漂白」黑官之用。

杜：你怎麼知道？

記：天下烏鴉一般黑，大唐如此，民國也如此！

杜：更絕的是，考的策論題竟然是〈野無遺賢論〉。

記：明明堵塞了進賢路，還教你們奉承當道，討好皇帝。這好比被人强姦了，還被迫喊「爽」一樣的沒有天理。

杜：說的也是！

記：那您怎麼辦？回故鄉嗎？

杜：是啊，那時進也不得，退而無顏見江東父老，只好留京觀察，待時而起。

記：科考無望，無法實現政治抱負，又爲生活所迫，只好大量寫詩，一則排遣寂寞無聊；一則向達官貴人「干謁」，企圖得到青睞提拔。

杜：像「歲寒仍顧遇，日暮且踟躕，老驥思千里，飢鷹待一呼，君能微感激，亦足慰榛蕪」〈贈韋左丞丈濟〉。

記：像「今日暮途窮，軍事留孫楚，行間識呂蒙，防身一長劍，將欲倚崆峒」〈投贈哥舒開府翰二十韻〉。

杜：我的「長卿多病久，子夏索居頻……鄒魯莫容身，感激時將晚，蒼茫興有神，爲公歌此曲，涕淚在衣巾」〈上韋左相二十韻〉已幾近哀告。

記：像「桃陰想舊蹊，吹噓人所羨，騰躍事仍暌，碧海真難涉，青雲不可梯，顧深慚鍛鍊，才小辱提攜，檻束哀猿叫，枝驚夜鵲棲」〈奉贈太常張卿二十韻〉。真所謂「百無一用是書生」，只待人家垂憐，提攜！

杜：像「微生霑忌刻，萬事益酸辛，交合丹青地，恩傾雨露辰，有儒愁餓死……。」讀書人真是一籌莫展。

記：您到處投詩獻賦，企圖謀得一言半職，是否如願？

杜：我「朝扣富兒門，暮隨肥馬塵，殘杯與冷炙，到處遺悲辛」〈奉贈左丞丈二十二韻〉「長安苦寒誰獨悲，杜陵野老骨欲折……飢臥動及向一旬，蔽裘何啻聯百結」〈投簡成華兩縣諸子〉。

記：「皇天不負苦心人」您在受盡凍餓，屢遭白眼，好不容易掙得

「右衞率府兵曹參軍」這樣的一個小官。

杜：在我四十四歲那年任兵曹參軍，赴任前回故鄉奉先看望家室，那年正巧安祿山起兵范陽，天下大亂。

戰亂流離五年——第二期創作

記：您「窮年憂黎元」，滿懷「腸内熱」的來到故鄉，沿途所見的盡是「朱門酒肉臭，路有凍死骨，榮枯咫尺異，惆悵難再述……入門聞號咷，幼子飢已卒，吾寧捨一哀，里巷亦嗚咽，所愧爲人父，無食致夭折。」〈自京赴奉先詠懷五百字〉。

杜：我内心受到極大的震撼。在京城我雖感受自身生活的痛苦，以及心中的鬱卒不快；但在長安城裡，從玄宗到皇親國戚，卻有另一番歡暢宴樂……。

記：如今您親自接觸社會底層，兵連禍結、顛沛流離、生靈塗炭的慘狀。

杜：自安史亂起，在天寶五年（西元七五五年～七五九年）間，歷經百苦，流離遷徙，遍嘗人間疾苦，個人已完全放棄利祿的追求，轉而關懷整個社會、國家而吶喊、而哀告……。

記：您的三吏（〈新安吏〉、〈潼關吏〉、〈石壕吏〉），三別（〈新婚別〉、〈垂老別〉、〈無家別〉），〈兵車行〉，〈前出塞〉，〈後出塞〉、〈北征〉，〈洗兵馬〉等篇都是厭戰、非戰的作品。

杜：在〈新安吏〉中描寫未成丁的小孩被「拉夫」去出征，如「府帖昨夜下，次選中男行……中男絕短小，何以守王城……」。

記：這就如同越戰中，北越拉夫拉十四歲的小孩全徵去當兵，更有所謂的孿生「緬甸神軍」才十五歲。

杜：奇怪，南北越爲何不能坐下來談談「一國二制」從事良性的競爭，非鬥到你死我活，從亞洲的三大穀倉之一，變成世界最貧困的國家。

記：政治人物的自私，加上帝國主義的慫恿，反正「別郎囡郎死沒了。」

杜：又如〈石壕吏〉中描寫到了沒人可拉時，連個老太婆都拉走：「暮投石壕村，有吏夜捉人，老翁踰牆走，老婦出門看。」那暴吏怒聲一吼，老太婆傷心的哭了：「三男鄴城戍，一男附書至，二男新戰死，存者且偷生，死者長已矣！室中更無人，唯有乳下孫……」。

記：慘啊，慘！

杜：「嫁女與征夫，不如棄路旁。結髮爲君妻，席不暖君床；暮婚晨告別，無乃太匆忙……君今往死地，沈痛迫中腸；誓欲隨君去，形勢反蒼黃……」〈新婚別〉。

記：爲妻的在悲傷之餘，還得強忍著淚安慰遠征人，「勿爲新婚念，努力事戎行，婦人在軍中，兵器恐不揚。」人間的悲劇莫過於此。

杜：「四郊未寧靜，垂老不得安；子孫陣亡盡，焉用身獨完？投杖出門去，同行爲辛酸……」〈垂老別〉。

記：子孫都陣亡光了，老爺爺還得拋了枴杖，別了老妻出征去，政治人物的心肝又硬、又黑、又臭。

杜：像〈無家別〉記述一個打敗仗逃歸的士兵，一到家中已空無一人，後來被縣吏查出又逼著去當兵……。

記：您所經驗過的戰爭慘狀，絕非無病呻吟，紙上談兵的文人所能「建構」的。

杜：因而「烽火連三月，家書抵萬金」、「安得廣廈千萬間，大庇寒士俱歡顏，風雨不動安如山」、「生女猶得嫁比鄰，生男埋沒隨百草」都是這一時期的作品。

記：您足可稱得上是「反戰詩人」。

杜：面對著戰亂，我本著愛國愛民的胸懷，白描戰爭的殘酷，人民的顛沛流離，絲毫不加色彩。

記：從乾元二年起（西元七五九年～七七〇年）十一年間您定居蜀地，總算有段安定的日子。

漂泊西南、風雨中的寧靜——第三期創作

杜：我在裴冕、嚴武前後兩任節度使的幫助下，於成都西城浣花溪畔，勉強的蓋了幾間草堂住了下來，過著比較安定的生活……。

記：從「清江一曲抱村流，長夏江村事事幽」〈江村〉，「肯與鄰翁相對飲，隔籬呼取盡餘懷」〈客至〉，「老妻畫紙爲棋局，稚子敲針作釣鈎」〈江村〉，不難看出您居住環境之美，生活的情趣，甚而連蟲魚鳥獸，花草樹木、風雨山川，都入了您的詩篇。

杜：有時候「厚祿顧人書斷絕，恆飢稚子色淒涼」〈狂夫〉，「入門依舊四壁室，老妻睹我顏色同，痴兒不識父子禮，跳怒索飯啼門東」〈百憂

集行〉，「布衾多年冷似鐵，嬌兒惡臥踏裡裂，床床屋漏無處乾，兩腳如麻未斷絕」〈茅屋爲秋風所破歌〉。

記：基本上食、衣、住、行民生四大需求，還是未能解決，人道：「百無一用是書生」確是實情。

杜：這是知識分子的悲哀，也是社會國家的悲哀。

記：更是政治人物的可恥，他們做大官、撈大錢、吃大肉、喝大麯；然後說大話、放大屁，只知抽剝，完全不顧民生死活。

杜：這時雖然免去兵革戰禍，但仍然民不聊生，我的〈負薪行〉、〈最能行〉、〈病柏〉、〈病橘〉、〈枯棕〉、〈枯柟〉、〈除草〉無不在諷寓小人當道，社會敗象。

記：有著太多蒼涼沈鬱的淒慘。

杜：太上三不朽「立德、立功、立言」，我已發誓「語不驚人死不休」的地步。

記：您是空有抱負，無由施展，您心靈深處的感觸，只好藉詩篇吶喊！偉大的現實主義「反戰詩人」、「社會詩人」您安息吧！

杜：少陵野老吞聲哭！工部涕淚滿衣裳！

春花秋月何時了？往事知多少？

~李後主訪問記~

五代十國時的南唐李後主，名煜字重光。他在詞壇上是顆永恆的彗星。他與李太白、李清照，先後輝映，號稱詞家三李，但他在政治舞台上，帝王列傳中，卻是個十足的悲劇角色。

有徐溫養子徐知誥者，以「天下兵馬大元帥」封「齊王」之尊，逼吳國睿帝楊溥遜位，受禪後恢復本姓，取名李昪，是為南唐烈祖，亦稱南唐先主；經中主李璟，再到李煜；是為南唐後主。

是時也，北中國雖陷於長期分裂戰亂之中，但位於江南廿八州福地的南唐王朝卻絲毫不受戰爭的影響，加以江淮漁米之鄉，自然條件優越，生產發達，百姓富庶。李昪節儉持國，勤於聽政，自是一番民生樂利、世外桃源之景象。

到了中主李璟時，志得意滿之餘，好大喜功，標榜要「走出去」，要「國際化」，捭闔縱橫，倡「二國論」、「七國論」，參與國際政治，採「南向政策」滅閩；採「西進方略」滅楚。雖然版圖擴大了，但政治卻日趨衰微，生活日趨靡爛。最後落得企業出走——歲獻萬物，日虛其國，臣服於北周。

後主即位，國政搖擺不定，忽而滿是自信的激情；忽而交織著自卑的無奈，出爾反爾，往往錯失政治良機。

及至宋太祖趙匡胤代周而禪，兩次詔後主北上朝貢，後主堅持「兩國論」平等、尊嚴、自由……辭而不前。於是宋遣大將曹彬、潘美，直取金陵。後主肉袒降於軍門，白衣紗帽，遂與宰相湯悅等四十五人，北上待罪於汴京「明德樓」下，被封「違命侯」，國遂亡。

本記者自然不會放過這個機會，一訪晚景委曲，死得寃枉的一代詞王——李後主。

口銜金湯匙．生於深宮中

記：李先生，李先生！請接受記者的採訪。

李：敗軍之將不可言勇，亡國之主不可言忠。三千里地山河，不堪回首月明中……一身羞！羞！羞！有什麼好拋頭露面的。

記：不！您爲人孝友、仁愛、多情、善感、又愛老婆……可圈，可點。

李：是嗎？

記：您詩、書、畫、文、詞、音樂、佛學……無一不專，無一不精，堪稱「七項全能」的文學家。

李：我真有這麼好嗎？

記：尤其您的詩詞與李太白、李清照媲美，號稱「三李」。就憑這些，我訪問您是訪問定了。

李：嗯！好吧，我接受你的訪問。我姓李名煜、字重光，初名從嘉，號鍾隱……。

記：爲什麼大家稱您李後主而不名？

李：那是因爲我出生於南唐帝王之家。

記：意即您含著金湯匙出生到這個世界！

李：我祖李昪乃南唐開國之君……。

記：史稱南唐烈祖。

李：我父李璟，性寬厚，有文才。

記：廟號元宗，世稱南唐中主。

李：我繼位以後，自然而然被稱爲南唐李後主——國家也是亡在我身上。

記：您在中國詞壇固然執「帝王之尊」，您在現實生活中更是名副其實的帝王。一身兼兩王，令人稱羨。

李：有什麼好羨慕的，人說我和李太白齊名。人道是李白「做個才人真絕代」，至少贏得了謫仙下凡的千古之名。而我呢？——「可憐薄命是君王」！

記：您的詩詞妙在不假雕鑿，純真自然，看似淺易，實則超脫雋永，一往情深，令人百讀不厭。

李：我自小生在帝王之家，育於婦女美人之手，過著風流享樂的生活，加之，能文、能詩、能畫，又通曉音律。

記：天時、地利、物態、相思、美人、醇酒……滿紙的璣珠金玉，鴛鴦蝴蝶，極盡香豔、煽情之能事。

李：加上我的美滿婚姻——大小周后，雙人枕頭。

記：您没有像歷代帝王那樣——後宮佳麗三千，左右嬪妃成羣……。

李：我才不像那些俗不可耐的土霸王，一朝得勢，「離散天下之子女，以奉我一人之淫樂，視爲當然！」

記：天天在宮中搞「創造宇宙繼起的生命」，進而跟太監搞同性戀，以及層出不窮的「性」花樣。

暗渡陳倉小周后

李：我只跟大小周后姊妹花玩「雙人枕頭」的遊戲而已。

記：怎麼個雙人枕頭？莫非元配老婆住高雄稱大房？在台北的小公館金屋藏嬌——以致因公務訪聘友邦，別人都帶太太，他卻不知如何是好，只好通通不帶。

李：那豈不是很失國際禮儀嗎？人家還以爲他是「單身貴族」院長

呢！

記：By the way！說說您的雙人枕頭故事，與現代版的「雙人枕頭」故事，可有不同。

李：我白天同大周后遊山、玩水、划船……，晚上要她唱歌、跳舞，彈奏一曲琵琶。

記：這有什麼希奇？我一個普通百姓也辦得到！

李：一有機會，便偷偷地和小周后大談忘年之愛，洗鴛鴦澡、三溫暖，大做艷詞，滿口子的肉麻、俏皮話，引得會心微笑，或仰頭大笑，或四眼凝視相對無語……。

記：偷來的愛情，尤其甜與美。俗話說妻不如妾，妾不如偷，偷不如偷不著，正是個中滋味。

李：不論在物質上或精神上，我有著高度的滿足與幸福。

記：舉個例子說說，我迫不急待的想知道您跟小周后之間的戀情。

李：「銅簧韻脆鏘寒竹，新聲慢奏移纖玉。眼色暗相鉤，秋波橫欲流，

雨雲深繡戶，未使諧衷素。宴罷又成定，夢迷春雨中。」〈菩薩蠻〉

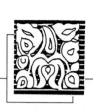

記：這場景是在國宴中，小周后正爲您慢移玉指，吹奏出一曲您新譜的戀章，樂聲清脆妙曼……。

李：音樂固美，氣氛更妙，吹奏者有意，傾聽者有情，眉目傳情，早已魂飛九宵雲外……。

記：您以帝王之尊，當時大可下令國宴暫停，宣小周后進寢宮，寬衣解帶，三兩下就清潔溜溜了，又何必「雨雲深繡戶，未使諧衷素……夢迷春雨中。」

李：你這個記者怎麼這麼粗俗。我們是人，又不是木柵動物園的犀牛或無尾熊……王八眼對綠豆似的……說幹就幹。

記：喔！我知道了。您講究的是「心有靈犀一點通」的「意淫」而非純器官的「外爽」。

李：這還差不多，這下子我可以與你言詩說詞了。

記：您的另一首〈菩薩蠻〉呢？

李：「花明月暗籠輕霧，今宵好向郎邊去。剗襪步香階，手提金縷鞋；

畫堂南畔見，一向偎人顫。奴爲出來難，教君恣意憐。」

記：春雷終於勾動了那悶燒已久的星星情燄……

李：當天子夜，在花明、月暗、霧朦朧中，她手提金絲高跟鞋，躡手躡腳，緊張兮兮地，來到我們私會的地點——畫堂南畔，撒嬌地撲向我懷裡……此時千言萬語都是多餘的。

記：今宵池邊只有你和我……美極了，帥呆了！接著呢？

李：「紅日已高三丈透，金爐次第添香獸，紅錦地衣隨步皺；佳人舞點金釵溜，酒惡時拈花蕊嗅，別殿遙聞簫鼓奏。〈浣溪沙〉

記：這是「歡娛嫌夜短」不知東方之既白，把個美人的慵態、媚狀，嬌羞描得淋漓盡致，已可列入「限制級」電影了。

明修棧道大周后

記：從二首〈菩薩蠻〉與〈浣溪沙〉中，描寫了您跟小周后之間的男歡女愛、日思夜想，足以證明您的婚姻——與大周后的感情並不美滿。

李：誰說的？請讀我的〈一斛珠〉

記：「曉妝初過，沈檀輕注些兒個，向人微露丁香顆。一曲清歌，暫引櫻桃破。　羅袖裛殘殷色可，杯深旋被香醪涴，繡床斜憑嬌無那。爛嚼紅茸，笑向檀郎唾。」

李：這「曉妝初過」兩句，寫那美艷動人的大周后，梳洗完畢，在性感的櫻唇上，輕輕地點上明亮而潤澤的口紅，這「沈檀」指殷紅色，「些兒個」是一點點的意思。

記：我懂了！她開口啓唱，圓潤一下像丁香花蕾似的舌尖，一曲清歌，從美人的櫻枕小口中，劃破清空。美！美！美！美得性感、心動、魂移……。

李：接著就是「繡床斜憑嬌無那，爛嚼紅茸，笑向檀郎唾！」

記：下半段才是「後製節目」，洋溢著深情的愛，洋溢著生活情趣的美，更包涵著「不足爲外人道」的「奧妙」！

李：總之，大周后有著鮮明的個性特徵，是個有情、有義，有血、有肉的「活體」，而不像一般后妃，是個「屠體」。

記：還有您的〈玉樓春〉

「晚妝初了明肌雪，春殿嬪娥魚貫列。鳳簫吹斷水雲閒，重按〈霓裳〉歌遍徹。　臨風誰更飄香屑，醉拍欄干情味切。歸時休放燭花紅，待踏馬蹄清夜月。」

李：至於晚妝後，明艷光照的宮女，魚貫地進入春殿，在霓裳羽衣曲的吹奏下，表演她們出色的歌舞，則更是一番榮景良辰……。

記：最最精采的還是：「歸時休放燭花紅，待踏馬蹄清夜月。」

李：在香氣氤氳中，與大周后手牽著手，踏月而歸。

記：風流豪邁，意興遄飛，兼而有之……

李：可是這種紙醉金迷，花天酒地的快樂生活，只過了十四年，悲慘的命運，就臨頭了。

記：怎麼說？

李：我南唐自先祖李昪即位（西元九三五年），歷中祖李璟到我後主李煜在位十四年，總計三十九年之間，此時北中國正是五代（後梁、後唐、後晉、後漢、後周）兼併時期，漢人、沙陀突厥人，以及契丹人混戰時代……。

記：不外武裝起義與華夷方爭的「文化大革命」。此時南方「小朝廷」自是一番「好年冬」！

李：等到宋太祖趙匡胤陳橋兵變代周而立，逐漸統一了北方，這時候就開始對南方施加壓力。

記：怎麼個施壓法？

李：當然先來個「一個中國共識」，接著要求「一國二制」接受宋朝的正朔，最後要求我「入京朝見」……。

記：這簡欺人太甚嘛！輸入不輸陣，您怎麼辦？

李：我爲了維護大唐帝國在南方──「南唐」的國家尊嚴與國格，人民的自由與幸福，稱疾不行。我決定把全國人民的性命「撩落起」！

記：有用嗎？這不啻螳臂當車，死無葬身之處。

李：爽就好，贏得選票就好，至於以後被「武裝解放」，肉袒白衣、戴白紗帽於石頭城下……。

記：「時搞時登，無米煮番薯湯。」到時再說了。

亡國之詞，哀怨愁恨

李：因此我後期的詩詞，多在傾訴俘虜生涯的哀怨、無奈……。

記：像您的一首七言律詩：「江南江北舊家鄉，三十年來夢一場。吳苑宮闈今冷落，廣陵台殿已荒涼。雲籠遠岫愁千片，雨打歸舟淚萬行。兄弟四人三百口，不堪閒坐共商量。」

李：這是金陵古都淪陷後，我被北遣，船到中流，不堪回首中。

記：您念念不忘的是大小周后、女兒女婿，兄弟四人三百口，對於全國五、六千萬的子民，卻不能爲他們的生命、生存與生活打拚，這算是什麼君王？什麼領袖？

李：我只好大量的創作詩詞，以資推脫……。

記：舉幾闋詞讓大家分享您的情仇愛恨。

李：「林花謝了春紅，太匆匆！無奈朝來寒雨晚來風。　胭脂淚，相留醉，幾時重？自是人生長恨水長東。」〈相見歡〉之一

記：用「淚」，用「醉」來串場您的無可奈何！用「朝來」、「晚來」、「長恨」、「長東」呼應您的六神無主。

李：「無言獨上西樓，月如鉤。寂寞梧桐深院鎖清秋。　前不斷，理還亂，是離愁。別是一般滋味在心頭！」〈相見歡〉之二

記：這是您在北地被幽囚的生活寫照，用梧桐、深院、清秋、月如鉤，白描您獨上西樓感受那種剪不斷，理還亂的離愁滋味。放著「特區首長」不做，寧做「國破家亡」的囚人！

李：誰會知道有這種下場，這是始料不及的。我早先天真的以爲「以武力解放南唐」是不可能的事——大宋没這個能耐。

記：「人爭一口氣，佛爭一炷香。」您爭的可是「面子」，結果連「裡子」也輸光光了。

李：那曉得大宋王朝的「形勢比人强」，到了這種程度！

記：您一味兒紙醉金迷於皇宮相府之中，從不過江去探一探人家的進步、朝氣、希望……。

李：如今只有每天填詞，打發歲月了！

記：還有些什麼作品？

李：「多少恨，昨夜夢魂中。還似舊時遊上苑，車如流水馬如龍。花月正春風。」〈望江南〉

記：這是亡國入宋時的作品。您還不知死活，對往昔繁榮的眷戀，念念不忘於「車如流水馬如龍」的榮景。

李：「人生愁恨何能免，銷魂獨我情無限。故國夢重歸，覺來雙淚垂。

高樓誰與上，長記秋晴望。往事已成空，還如一夢中。」〈子夜歌〉

記：到了這個時候，您方知大災難、大悲痛要臨頭了，一付「小樓昨夜又東風，故國不堪回首月明中」的悲慘狀態。

李：那是我用汗水（冷汗）、淚水與血水交織而成的作品。

記：您還有一首〈浪淘沙〉

李：「簾外雨潺潺，春意闌珊。羅衾不耐五更寒。夢裡不知身是客，一晌貪歡。獨自暮憑欄，無限江山。別時容易見時難。流水落花春去也，天上人間。」

記：在低沈悲愴之中，日落黃昏之中，獨自憑欄，不見「無限江山，別時容易見時難。流水落花春去也，天上人間。」亡國之痛，啃心噬肝……，無限懺悔。

李：「四十年來家國，三千里地山河。鳳閣龍樓速霄漢，玉樹瓊枝作煙夢，幾曾識干戈？　一旦歸爲臣虜，沈腰潘鬢消磨。最是倉惶辭廟日，教坊猶奏別離歌。垂淚對宮娥？」〈破陣子〉

記：一個具有四十年歷史，三十五州版圖，方圓三千里，定都南京——國民所得最高，外貿興隆，外匯存底豐富，號稱大唐帝國正統香火的延續者，最後竟然到了「心事莫將和淚說，鳳笙休向淚時吹」的地步！

李：這都是我父子倆——「南唐之父」與「南唐之子」，因循苟且，得過且過，只講面子，不顧裡子的結果！怨不得人的。

記：歷史的巨輪永遠重複出現，現在不也有「台灣之父」與「台灣之子」——父子檔正誤導著這個「國家」？

李：「春花秋月何時了？往事知多少？小樓昨夜又東風，故國不堪回首月明中。　雕欄玉砌應猶在，只是朱顏改。問君能有幾多愁。恰似一江春水向東流。」〈虞美人〉

記：這是您的絕命詞。您被迫飲下「牽機藥」，抽筋而死，偉大的詩人，李後主，您安息罷！

李：「往事只堪哀，……終日誰來？」〈浪淘沙令〉

記：白夾克、黑褲、綠扁帽……肉袒天安門前，被封「埋寃王」（閩南語）爲已足！

記：苟且偷安勢難持久。經歷了急劇大分裂之陣痛，中國終又統一於大宋皇朝的麾下。

絕妙才子・怪異詩人

～紀曉嵐訪問記～

滿清乾嘉年間，號稱盛世。一時間出現了不少著名詩人，詞人與小說家，而其中兼有詩人、小說家、評論家與編纂家等多重身分的，則莫如紀昀曉嵐先生。

紀昀字曉嵐，一字春帆，別號茶星、三十六亭主人、觀奕道人、石雲、孤石道人。生於清世宗雍正二年（西元一七二四年），卒於仁宗嘉慶十年（西元一八〇五年），享年八十二歲。

他的筆記小說《閱微草堂筆記》，在中國文化史上堪稱一大貢獻，足與曹雪芹的《紅樓夢》、蒲松齡的《聊齋志異》，鼎足而三。

為此記者特走訪曉嵐先生，以饗讀者。

記：紀大學士，紀大學士！請接受採訪。

昀：詩人這麼多，爲什麼單挑我一人？是否我的《閱微草堂筆記》中的鬼故事，很受讀者歡迎。

記：這年頭談狐説鬼的故事，固然吸引人，但有清一朝像您這樣兼有詩人、小説家、評論家、編纂家等多重身分的人卻也不多。

昀：話從那兒説起呢？

記：先從您的家世出身説起罷！

昀：我名昀字曉嵐又字春帆，生於雍正二年六月十五日午時（西元一七二四年八月三日）獅子座。

記：獅子座的人有領導能力，組織力强，具有激勵人心的氣質……。

昀：何以見得？少拍馬尾！

記：您十七歲中秀才，二十四歲登順天府解元第，三十一歲進士及第，以翰林院庶吉士入仕……。

昀：這又算什麼？蘇東坡、文天祥莫不比我早出道，而且名聲在我之上。

記：您自三十一歲入仕，到八十二歲最後以內閣協辦大學士等同副宰相的職位辭世，官途超過半個世紀。

昀：「浮沉宦海如鷗鳥，生死書叢似蠹魚」官宦生涯嘛！無非是幹幹福建學政、山西典試，國史館總纂等文學侍從官而已。

記：「看花命酒、日夕流連，時以詩句相倡和」的文人生涯，正是身爲知識分子求之不得的事兒。

昀：錢多、事少、離家近，的確是一種太平盛世的寫照。

記：您有沒有趁機幹點副業——買賣股票、炒炒期貨的？

昀：那倒沒有！由於我喜歡讀書，順手點勘了不少前人的遺集——也不知道算不算是「學術著作」，教育部連個「教授」的紅派司都不肯給我！

記：說來聽聽！您到底點校了些什麼書？

昀：像《陳后山集》、《劉侗帝京景物略》、《瀛奎律髓箋序正誤》、《蘇詩互閱始繕淨本》、《史通削繁》、《文心雕龍》、《王子安集》、《韓致堯集》、《唐詩鼓吹》等。

記：您這八、九本著作，有的連題目都教人看不懂，有的是讀書隨筆，您怎麼妄想通過「教授資格」的審查。

昀：總不能因爲審查人的不學無術，就一桿子否定人家的著作啊！

記：您心中除了不平外，還感到十分鬱卒！

昀：正是「十八年來閱宦途，此心久似水中鳧」了？

記：您花了九年時間，才完成的《閱微草堂筆記》呢？

昀：教育，教育！教者上所施，下所效也；育者，養子使作善也。是件很困難的事。

記：俗語說：「言者諄諄，聽者藐藐」收效不大。

昀：帝王以刑賞勸人善，聖人以褒貶勸人善。往往刑賞有所不及，褒貶有所不恤。

記：那只好以仙佛的因果來勸人爲善了。

昀：所以我才借這一千二百六十九則傳聞和經歷的故事來警惕人。

記：您設計了一個鬼神世界，把陰間的鬼神加以人格化、趣味化，使讀者在享受趣味之餘不失恐懼，再由恐懼收嚇阻之效。

昀：而且進一步的我以寓言方式，襯托出一個公正、嚴明、有正義的陰間世界……。

記：儘管陽間現世是個又黑、又髒的黑金世界。

昀：我用九年的心血和光陰透過一個豐富、複雜，多采多姿的神、鬼、狐、仙世界，構築起一套我理想中的道德倫常標準與治事處世法則，呈現出一個知識分子對社會的關懷與用心。

記：換句話說，這是您痌瘝在抱，抒發胸臆的嘔心瀝血之作。

昀：結果大家只把它當作茶餘飯後的「談狐說鬼」、「志怪記異」消遣歲月之作。

記：這也難怪教育部學審會那些負有「爲天地立心，爲生民立命，爲往聖繼絕學，爲萬世開太平」神聖使命的「四爲」委員，沒把您的著作看在眼裡。

昀：那有什麼辦法？天下滔滔儘是一些有眼無珠的「南郭先生」。

記：您別發牢騷了，您也不去查查教育部公布的「專科以上學校教師資格審查法規選輯」的規定。

昀：誰去看那多如牛毛，文句又不通的法律規章！

記：〈台（79）審字一三六四九號〉，寫的清清楚楚：「請勿以神學學位送審」，您的《閱微草堂筆記》通篇裝神弄鬼，玩狐弄仙，已屬「限制級」的作品，不遭新聞局查扣沒收就已經偷笑了，還想進學術殿堂。

昀：您的意思是教育行政當局，有時候雖也免不了「雞婆的」去「關切」學校重建工程，「關心」一家大學「國中部」的增班，但就學術審查來講，是絕對公正的！

記：那是當然的事囉！學術審查的公開、公正，對教育部來說乃是「皇后的貞操」，那是絕對不能懷疑的。這樣吧！讓我們談談您的《四庫全書》，這下您該眉飛色舞十分高興才對！

昀：乾隆三十八年我五十歲受詔總纂《四庫全書》，總共歷時十三年，直到乾隆五十一年才完成。動員了上千人才完成的「大部頭書」。

記：這部書到底有多大？

昀：高宗詔徵天下遺書，共一萬三千七百二十五種，命詞臣分類編纂出三千四百六十種，總計十七萬二千六百二十六冊。

記：爲什麼叫《四庫全書》。

昀：全書按經、史、子、集四部分類。

記：〈經〉指的是什麼？

昀：包括易、書、詩、禮、春秋、樂、孝經、四書等十類。

記：那史呢？

昀：史分正史、編年、詔令奏議、傳記、時令、地理、職官、政書等十五類。

記：那〈子〉一定是諸子百家了。

昀：除了九流十家外，還包括釋家、兵家、醫家、譜錄、藝術等十四類。

記：〈集〉又是什麼？

昀：集部分楚辭、別集、總集、詩文集、詞曲集五類。

記：那簡直是一部「大全科」了。

昀：所以叫「全書」……。

記：意即《大中華百科全書》。

昀：誰說不是呢？它還是全世界最早完成的百科全書。

記：Really！不列顛大百科全書（1886-1902），大美百科全書（E, Americana, 1918），日本大百科辭典（Dai Hya Kka Jiten, 1931-1935），巴黎大百科（Grande E. La ,1971-1978）；而您的《四庫全書》完成於乾隆五十一年（西元一七八六年），足足早了人家一百多年。

昀：我可不是蓋你的罷！而且這部百科全書手抄了七部之多，爲了典藏這七部書，分別建立「文淵」（宮內）、「文源」（圓明園）、「文津」（熱河）、「文溯」（瀋陽行宮）、「文瀾」（杭州）、文匯（揚州）、文宗（鎮江）等七間國家圖書館用以保存之。

記：就這麼一部書，您所受的榮寵優渥，足以讓千古以來的讀書人忌妒得想去撞牆。

昀：自我擔任四庫全書總纂十三年間，我的職務從未更動，但職銜卻與日增長：從內閣學士兼禮部侍郎（內政部次長）、兵部右侍郎（國防部常務次長）兼文淵閣直閣事、到內政部、國防部部長到加太子少保，併管國子監，位居三公兼教育部部長。

記：而且更帶給您身後不朽的聲名。

昀：可見乾隆皇帝對文化事業的重視！

記：真所謂「文章千古事，得失寸心知」，什麼都不必說了，紀大學士！您真的令人羨慕死了。

昀：可是教育部還是沒有給我教授證書。

記：爲什麼？

昀：他們說：《四庫全書》是「編著」而不是「著作」，故而「編著不受理送審」〈台(79)審字第六〇六六號〉。

記：那您花了七、八年時間所寫的《四庫提要》，應該是一部規模最宏大、體制最完備，評介最切實、公允的「目錄學」著作。

昀：他們回文批駁我說：該書乃「質化」的敘述，而非「量化」的歸納……。

記：阿門！我看您死了這條心吧！那個國際不承認的「教育部」，所發的教授證書，不要也罷！接著讓我們談談您的詩罷！

昀：四十五歲那年，我的兒女親家兩准鹽運使盧見曾，因帳目不清而慘遭抄家，我受到株連被謫戍烏魯木齊二年。

記：荒漠鷹揚、朔風流沙的放逐生涯，豈不沮喪、落魄、難堪之至。

昀：這時候我想起了孔老夫子：「詩，可以興、可以觀、可以羣、可以怨，邇之事父，遠之事君……」的話。我在兩年之內留下了一百六十首的《烏魯木齊雜詩》。

記：您把您的真情如泣、如訴、如怨、如慕全都流露在其中，而且真的可以「多識於鳥獸草木之名」，欣賞邊關人情風土之美。

昀：所謂弓在弦上有不得不發之勢耳。

記：我拜讀您的詩集真是幽默、風趣、而且還別有所指，隱含民族大義。

昀：有嗎？

記：請看您的〈剃頭詩〉：「聞道頭可剃，無人不剃頭；有頭皆要剃，無剃不成頭。剃自由他剃，頭還是我頭；請看剃頭者，人亦剃其頭。」

昀：佛曰：不可說，不可說！

記：遺憾的是，我每捧讀您的《紀文達公遺集》，總覺得您所留下的詩太少了，以您的才學、風流、才情，應該不輸給李白、杜甫他們才對。

昀：做詩容易，有時像吐痰一樣，脫口而出，好詩卻是十分不易做，有時一修再修，一改再改，最後已經不成詩了。

記：舉個例子說說吧！

昀：像杜牧那首〈清明〉……

記：「清明時節雨紛紛，路上行人欲斷魂；借問酒家何處有？牧童遙指杏花村。」童叟皆誦，琅琅上口，遠近馳名。

昀：詩是好詩，但就邏輯推斷，它犯了上「上浮」的毛病。

記：怎麼說呢？

昀：基本上此詩每句的前二字都可刪去！

記：「時節雨紛紛，行人欲斷魂，酒家何處有？遙指杏花村。」豈不變成了一首五言絕句？爲什麼？

昀：清明（每年四、五月）時節一定下雨，正所謂的梅雨季節，這詩主要的是寫下雨天，如果清明不下雨，這第一句詩即成空話，沒有寫詩的必要；所以「清明」兩字可以省略！

記：那第二句呢？

昀：路上兩字可刪。請問那個行人不在路上，沒有必要脫了褲子放屁，多此二字；事實上，不可能有「水上」、「馬上」、「車上」……的行人。

記：同樣的，第三句「借問」又是多餘的，借問了以後什麼時候再還？

昀：你很開竅！第四句的「牧童」也是多餘了，凡路上行人皆可問，何必一定要問牧童？樵夫、村姑、農夫皆可問；何況牧童很少上路的，他們大都在草地、牧場。

記：乾脆每句再刪兩字好了！

昀：變成：「雨紛紛，欲斷魂，何處有？杏花村。」

記：何不變成「雨紛、斷魂、何處？杏村。」

昀：那豈不像馬致遠的「枯藤、老樹、昏鴉，小橋、流水、人家、古道、西風、瘦馬……」〈元曲・天淨沙〉了。

記：@#★!……

木匠、詩人、畫家、金石一芝翁
~齊白石訪問記~

通常我們欣賞一幅國畫作品，除了看構圖的布局、意境、明暗、色彩外；其次書法、題詩；最後論及金石用印。一般而言，作畫最易，蓋塗鴉之事，人生「本能」，即或不真、不善、不美，亦可「指馬為鹿」一番，矇混過關，何況「藝術觀點不同」，更是振振有辭。至於寫字，作詩，刻印，更非積二十年、三十年，甚而四、五十年的工夫，不克「畢其功於一役」。故而丹青人士，向有「印第一、詩第二、書第三、畫第四」及「詩第一、印第二、畫第三、書第四」之說法。

湖南湘潭白石老人齊璜芝翁先生。小時在家砍柴、牧牛，十五歲從師傅做粗木作（又名大器作），繼而學「小器作」（細活兒）。從事雕花兒、刻人像的生涯。二十歲那年，在一個主顧家中，借得一部残缺的「芥子園畫譜」，買了點薄竹紙、顏料、毛筆，晚上收工之餘，以松油柴火為燈，一幅幅的將之勾影下來，足足花了半年的時光，才勾勒完成，釘成十六本，做為他雕花木活的範本。

二十七歲那年，芝翁才正式拜胡沁園學工筆、花鳥、草蟲；拜陳少蕃讀《唐詩三百首》，他用最「笨」的方法讀書：老師講了讀、讀了背、背了寫，循序而進，讀熟一首，就明白一首；接著如法炮製讀《孟子》，讀唐宋八大家古文；然後看《聊齋》、觀《三國》、數《水滸》、登《紅樓》……。三十四歲學書、學篆刻……直到九五高齡。

芝翁從不識字到能寫詩，他的成就，完全從「鍥而不捨」苦學而來，由畫圓圈以至於成為舉世公認的傑出畫家。

芝翁曾說過：「我的詩第一、印第二、字第三、畫第四……可見他才是一個真正「四項全能」的藝術家。

三餐不繼，六親皆困的童年

記：齊大師，齊先生，請擱筆片刻接受記者的訪問。

齊：什麼先生，什麼大師的，聽來怪刺耳的，耳朵奇癢的。

記：那您要我怎麼稱呼您，才滿意？

齊：人家背後都稱我「芝木匠」，當著面，客氣些叫我「芝師傅」，您就喊我芝師傅好了，這樣比較親切點。

記：那芝師傅請作個自我介紹如何？

齊：回想我這一生的經歷，千言萬語，百感交集，不知從那裡說起呢？

記：就從出生時的家庭狀況打開話題吧！

齊：我生於清同治二年十一月二十二日（西元一八六四年一月一日）。

記：您是屬豬的。

齊：對！我出生時祖父母、父母都在。我是長孫兼長子，一家五口住幾間破屋子，住倒不成問題。

記：至於吃呢？

齊：大門外曬穀場旁有水田一畝，叫「麻子坵」。

記：一年可收多少石穀子。

齊：約五、六石穀子。

記：五、六石才五、六百斤穀子，像你們這樣的五口之家，一年起碼得有一千七、八百斤（5斤×365＝1725斤）的糧食才夠吃。

齊：我祖父和父親只好到處去打零工。一則打零工的主人管飯吃，二則每天還有二十來個制錢（孔方兄）的工資可拿。

記：有零工做很不錯了。

齊：還是不容易。一、零工不是天天有得做；二、能做零工活的人很多；三、有人搶著做，情願減少工資去做；四、凡出錢找零工活的，都是一些刻薄鬼，不好相處。

記：那也只有「一天打魚，三天曬網」的走著瞧了。

齊：上山打點柴，賣幾個錢，貼補、貼補家用。

記：難怪全中國童山濯濯、沙漠處處，生態環境就是這樣被你們這些人破壞的。

齊：肚子都塡不飽，還管他娘的生態。

記：您是那裡人？

齊：我是湖南湘潭人，早先祖宗，是從江蘇省碭山縣搬來的，這大概是明朝永樂年間的事。

記：小時候有沒有印象深刻的事兒。

齊：鄉下人都過著「日出而作，日入而息」的貧苦日子，糧食不夠有一頓沒一頓的，只有那些湘勇（湘軍）出外打仗搶了南京天王府，發財回家，購地置屋的神氣得不得了。這些跟著曾國藩打過長毛（太平天國軍）的人要比普通人高一等，什麼事都得讓他們三分。

記：他們打長毛功在國家……。

齊：其實長毛並不壞，歷史卻說他不好，實際上短毛比長毛凶，大家還都恭維他。

記：就像抗戰時的日軍、汪僞軍、共軍、「國」軍，到底那個好，天知道。

齊：日軍投降後，共軍與「國」軍才「角力」不到二年，優勝劣敗，立見眞章，人民的眼睛是雪亮的！

從認「芝」到上學

齊：我祖父最疼我了，一有閒工夫，就常抱了我，逗著我玩。

記：他爲什麼最疼您？

齊：我們祖孫倆同月同日生。尤其在冬天農閒時，他把我裹在他那件唯一的破山羊皮襖裡，撿些松樹枯枝，在爐子裡燒火取暖，一邊拿著通爐子的鐵鉗子，在柴灰堆上，比劃著寫了個「芝」字……。

記：這是您最初的啓蒙教育？

齊：我從五歲到七歲，三年間在祖父的懷裡，認識了他僅有三百字；而且念得滾瓜爛熟，寫了又寫。當然有時候我也會在灰堆上畫個人臉兒，有圓圓的眼珠，胖胖的臉盤，像隔壁的胖小子，加上鬍子便像開小鋪的掌櫃的；若加上長頭髮，又變成了個小姑娘了。

記：祖父把僅有的三百字全數教給您，算是出師了，再也無法教您了。

齊：說的也是！所幸同治九年（西元一八七〇年）我外祖父周雨若先生在楓林亭附近的王爺殿，設了一所蒙館。

記：那年您八歲！那蒙館離你白石鋪有多遠？

齊：三里遠，每天清晨祖父送我上學，傍晚又接我回家。

記：對窮人家的孩子來說，這是個千載難逢的讀書機會。

齊：外公當然不收外孫的束脩！

記：您在外公那兒讀了些什麼書？

齊：不外是《四言雜字》、《三字經》、《百家姓》、《千家詩》等「白口子書」。

記：什麼叫「白口子書」？

齊：只讀不寫，老師也不講解的書叫白口子書。

記：這種書讀了又有什麼用？小和尚念經似的，只打發孩子坐在位置上不吵不鬧而已。

齊：可是對我卻很有用。

記：何以見得？

齊：因爲那些字我都認得！

記：這是您正式的，唯一的「學校教育」？有多久？

齊：不到一年，那年秋天，我正讀《論語》，田裡的稻子，快要收割了，鄉間的蒙館和「子曰店」都得放「扮禾學」。

記：所謂扮禾學，就是現代的校外教學。這是照例的規矩！

齊：那年的收成不好，恰巧我又病了幾天。等病好了，母親對我說：「年頭兒這麼緊，糊住了嘴再說！」自此，我留在家砍柴、挑水、種菜、牧牛……。

記：這一年的「學校生涯」有沒有值得特別的回憶。

齊：每天上學的三里路，不算太遠，走的卻盡是黃泥路，平時倒好，逢到雨季，可難走得很哪！黃泥是挺滑的，滿地泥濘，一不小心，就跌倒下去！

記：這一老（六十多歲）一少（才八歲）如何走這段「遙遠」的學習路！

齊：祖父右手撐著雨傘，左手提著飯籮，一步一拐，小心謹慎地看準了腳步，扶著我走……。

記：碰了泥塘深時……。

齊：乾脆把我背了起來，兩手拿著東西，低著頭頂著傘猛往前衝，累得氣都喘不過來。

記：也真難爲了他了。一幅祖孫「上學圖」洋溢著親情無限。還有没有別的有趣的事呢？

雷公神像・處女畫作

齊：住我家隔壁的一位同學，他嬸娘生了個兒子……。

記：人家生兒子，關您什麼事？

齊：有時候小小的一個外來「刺激」，往往帶來無限的內在「反應」！

記：怎麼説？

齊：我們家鄉的風俗，新產婦家的房門上，照例要掛上一幅黃紙硃筆雷公神像，用以去邪、鎮妖用的。

記：以前您也見過？

齊：我五歲時二弟出生時見過。

記：先前没什麼深刻印象，三年後別有「觀點」！

齊：以前只覺那畫像好玩，現在則越看越有趣！

記：怎麼個有趣法？

齊：那雷公的嘴臉怪模怪樣的，有點尖嘴薄腮的兇樣子！

記：任誰也沒有見過雷公的樣子。

齊：我仰著頭依樣畫葫蘆的畫成一隻鸚鵡似的怪鳥臉！

記：比例不對，總是不像。

齊：最後我搬了一隻高腳木凳，蹬了上去。找了張包過東西的薄竹紙，覆在畫像上，用筆勾影了出來。

記：畫得和原像一模一樣？

齊：神情更像想像中的雷公，同學叫我另畫一張給他，我也照畫。

記：一回生，兩回熟，三回駕輕就熟了。

齊：第二天同學到蒙館裡一宣傳，別的同學也都來請我畫。

記：從此開啓了您畫畫的興趣？

齊：我乾脆把寫字本撕下裁開了，畫蒙館前的釣魚的小老頭，畫了很多張，越畫越像；接著又畫花卉、草木、牛馬、豬羊、雞鴨、魚蝦、螃蟹、青蛙、麻雀、蝴蝶、蜻蜓……。

記：都是眼前的東西，您以自然爲師，亦即古人所說「外師造化」了。

齊：可是問題又來了！

記：怎麼著？

齊：我爲了畫畫，三天兩頭就用完一本「描紅寫字本」。外祖父（即老師）看我寫字本用得這麼多，留心考查結果，認爲小孩子東塗西抹，是鬧著玩的，白費了紙，卻把寫字的正事耽誤了！

記：他是一個「一粥一飯，當思來處不易；半絲半縷，恒念物力維艱」的古早郎。

齊：他屢次呵斥我：「只顧著玩，不幹正經事，你看看！描紅紙白費了多少？」

記：他扼殺了您的繪畫天才？

齊：那也不見得，自此我只是不再撕描紅本子，而是到處找包皮紙一類的，偷偷地畫，而且，那年秋天，因爲家境關係輟學在家砍柴、挑水、種菜、看牛……。

記：您老人家的正式的，全修的「學校生活」只此一年？

齊：是的！窮人家只顧眼前餬口，那管日後前途，正所謂「三日風、四日雨，哪見文章鍋裡煮」？

砍柴、牧牛、木作

記：像您這樣半大不小的孩子，輟學在家又能做什麼事兒？

齊：沒辦法啊！窮人家孩子吃飯都成問題，遑論讀書，那簡直是奢侈；我從九歲到十五歲這六年中，在家幫著挑水、種菜、掃地、放牛，還帶著兩個弟弟上山砍柴、撿柴的……。

記：總算不是個光會吃飯不會做事的「飯桶」，也算是個半生產者了。

齊：我真的愛讀書，每回上山，總是帶著書本，除了看牛和照顧二位弟弟外，砍柴撿糞的。

記：沒有人指導怎麼讀書？

齊：一本《論語》還沒讀完，繼續讀。有不認識的字和不明白的地方，常常趁著放牛之便，繞道到外祖父那邊去請教。

記：這期間有沒有學著扶犁、耕田……的。

齊：有啊！可是我實在太瘦太小了。每次顧得了犁，卻又顧不了牛；一會顧著牛，又顧不了犁，來回的折磨，弄得滿身大汗……。

記：也學著插秧、耘草的……。

齊：有啊！整天彎著腰，泡在水田裡倒行，比扶犁更難受。

記：「皇帝喙乞食命」您生錯了地方？

齊：有一年（西元一八七五年）春夏之交，雨水特多，我不能上山砍柴補貼家用，家裡的米又吃完了，每天只好掘些野菜、挖些芋頭，用積存的乾牛糞煨著吃，柴灶好久都没用，雨水灌進灶内，生了許多青蛙。

記：灶内生蛙，可算是一樁奇聞了。

齊：直到我十五歲，父親看我身體弱，力氣小，實在不是個種田料；想說學一門手藝，將來可以餬口養家的。

記：手藝百百種，到底學那一行呢？

齊：那年春節，一個我們本家叔祖叫「齊滿木匠」的，到我家向我祖母（也是木匠的堂嫂）拜年，父親趁喝春酒時，跟他說妥，拜他爲師。

記：您師父是那一種木匠？

齊：蓋房子立木架是本行，桌椅床凳、犁耙也能做，是個「粗木作」。

記：您做得了嗎？

齊：那年清明節一過，上工蓋房子，叔祖領了我去給他們立木架……。

記：結果呢？

齊：我力氣不夠，一根大樑子，我不但扛不動，連扶也扶不起，叔祖說我太不中用，送我回家。

記：你爸不出面打圓場？

齊：千懇萬託說破嘴都沒用，父親不得已只好另請高明。

記：反正海裡的魚多的是，此處不留爺，自有留爺處。

齊：另外又找了個名叫齊長齡的，領我去拜師。

記：怎麼找來找去都找個姓齊的？

齊：巴掌大的鄉下地方，不是親戚就是遠房本家，總不外拐彎抹角的三姑丈、六姨婆的。

記：這個齊師傅比較體恤您？

齊：他看我力氣差、個兒瘦，除了不斷鼓勵我外，只叫我扛扛木箱，遞遞斧、鋸、鑽、鑿之類的傢伙而已。

記：這就輕鬆多了！

齊：可是有一天收工回家時，齊師傅和我走在田埂上，迎面來了三個人，肩上扛著木箱以及粗布大口袋……。

記：一望來人便知也是木匠，是同行！

齊：我並不在意。但，想不到走近身旁，我師父竟然垂著雙手，滿面堆著笑容，向他們問好，而他們卻愛理不理，有一搭沒一搭的跨著大步走過去。

記：同是木匠，爲什麼要這樣「長他人志氣，滅自己威風」。人比人氣死人，真是的！

齊：我師父説：「小孩子不懂規矩！我們是大器作，做的是粗活；他們是小器作，做的是細活。他們能做精緻小巧的東西，還會雕花，這種手藝，不是聰明人，一輩子也學不成，我們做粗活的，怎敢跟他們平起平坐。」

記：説的也是！別看鄉下人沒讀什麼書，他們可是「心中有神，目中有人，胸中有度，腹中有理……」，那像現在人，呸！

齊：我心想：「他們能，我爲什麼不能？」

雕工、畫家、詩書畫篆

記：於是您決定另外拜師。

齊：一來我做不了「粗木作」，我祖母、我母親天天在家擔心我。起上爬下的，萬一手藝學不成，又弄出一身病來。

記：您父親又到處爲您打聽找師父了。

齊：離我家不遠，有個三十歲的周之美師傅，他正好要領個徒弟，所以一說即成。

記：周師傅的手藝怎樣？

齊：他的手藝在白石鋪一帶是很出名的，最主要的是我們師徒兩人十分契合。我佩服他的本領，又喜歡這門手藝，他稱讚我聰明，肯用心，覺得我這個徒弟很可愛，將來他可能要沾我的光。

記：學習的經過如何？

齊：先學平刀法，再學圓刀法的雕刻，三年後出師，跟著周師傅外出做活，我也在那年和陳春君「圓房」了。

記：圓房？怎麼回事？

齊：陳春君是我們家的童養媳，大我一歲，我十二歲那年，她就到我家來了。

記：爲什麼有這種「童養媳」的惡風俗？這種制度似乎是「時不分古今，地無分南北」的存在中國農村社會裡。

齊：在女孩子的娘家，因爲人口多、家境不好，吃喝穿著，負擔不起，反正「女大當嫁」，不如早一點送過門，省了一條心，還有幾個「子兒」可拿。

記：至於男方樂得多一個「生產」人口（包括田裡作活與傳宗接代），將來又可免去一份聘金與聘禮。

齊：所以通常女孩子要大丈夫個五、六歲，甚至十來歲的。

記：您跟著周師傅做活，有沒有精進，如何突破？因爲您究竟非「池中物」。

齊：我二十歲那年（西元一八八二年）在一個主顧家做工，無意中發現一部殘缺的《芥子園畫譜》，像是撿到了一件寶貝似的，又摹又臨的，我全都把它勾影下來，裝釘成十六本。

記：以後您就以這本《芥子園書譜》作爲畫畫、雕刻的範本？

齊：從此花樣不斷的推陳出新，不再是死板板的，而且畫也合乎比例，不再犯不匀稱的毛病了。

記：而且繪畫的題材也大大地擴展，對不對？

齊：從此我不只是畫玉皇、老君、閻王、財神、牛頭、馬面和四大金剛、哼哈二將之類的神像，也畫女人鞋頭上的繡花樣，而且還拜蕭傳鑫（薌陔）爲師。

記：他的拿手絕活是何？

齊：蕭師傅是紙紮匠出身，熟讀經書，也會做詩，畫像是湘潭第一高手，又會畫山水人物……。

記：您全心全力的跟他學習，"Knowledge is power" 您自此從「匠」字輩進入「家」字輩。

齊：他還介紹他的朋友文少可給我認識。

記：他也是個畫像名手？

齊：我在畫像這項工夫，全靠文、蕭兩師的指點。

書畫雙修，精進不已

齊：光緒十五年（西元一八八九年）我二十七歲那年，碰到了兩個貴人。

記：是什麼樣的貴人？

齊：他開啓了我後半輩子（二十七歲以後）的詩畫生涯。那年在我杏子塢馬迪軒（少開）家畫畫雕花，見到了他的連襟胡自倬號沁園，又號漢槎的，大家管叫他「壽三爺」。

記：他是個什麼樣的人？

齊：性情慷慨，喜交朋友，是個財主，收藏不少古今名人字畫，他自己能寫漢隸，會畫工筆、花、鳥、蟲、魚，詩作也清麗，時常邀集朋友，在家舉行詩會，向以「座上客常滿，樽中酒不空」的孔北海（融）自比。

記：他很欣賞您！

齊：他看了我的畫作、雕刻，認爲我是可造之材，問我家裡有什麼人？讀過書沒？願不願意再讀書，學學畫？

記：二十七歲還讀書？又要養一大家子人，就算心有餘，也無力以赴。

齊：說的也是，這簡直是尋窮人開心嘛！不過他說的也有道理：「怕什麼？只要有志氣，可以一面讀書學畫，一面靠賣畫養家。你如果願意的話，等這裡的活做完了，就到我家來談談！」

記：不過話又說回來，人家蘇老泉，年廿七始發憤，最後與二個兒子（軾、轍）同登唐宋古文八大家之一。

齊：從此我就跟沁園師學畫，學的是工筆花鳥草蟲。他把訣竅都告訴了我：「石要瘦、樹要曲、鳥要活、手要熟。立意、布局、用筆、設色，式式要有法度，處處要合規矩，纔能畫成一幅好畫」，他又教我仔細觀摩古今名人字畫。

記：從此畫畫得著「入門之徑」，可是光會畫不會做詩，總是美中不足。

齊：胡家的塾師老夫子陳作壎（號少蕃），願意教我詩，而且不收學費。

記：可是您底子差，如何做呢？

齊：用最笨的法子嘛，所謂「熟讀唐詩三百首，不會吟詩也會吟」。

記：怎麼個讀法？

齊：老師講了讀、讀了背、背了寫，循序漸進，熟讀一首就算一首，讀完唐詩再讀孟子；然後再看《聊齋》、《三國》、《紅樓》等章回小說，再回到唐宋八大家古文。當然也研讀白香山的《長慶集》。

記：從此您的畫中開始題詩作詞了？

齊：兩位老師還爲我取名爲「璜」、號「瀕生」、又號「白石山人」。

記：經過名師指點，自是有模有樣。

齊：「工欲善其事，必先利其器」說的也是！

記：老師爲您取了好名、好字，也是「利器」之一。

齊：我有首〈往事示兒輩〉：「村書無用宿緣遲，廿七年華始有師；燈盞無油何害事，自燃松火讀唐詩。」

記：沒有讀書的環境，偏有讀書的嗜好。你說窮人讀一點書，多麼不容易。現在的學生斷章取義的背誦一些雞零狗碎的東西，一考取大學，自以爲功成業就，從此束書不觀。

齊：「金玉其外，敗絮其中」的假知識分子，才是社會國家的最大危機。

記：有詩爲證：「莫羨牡丹稱富貴，卻輸梨橘有餘甘。」

詩畫會友，藝名遠傳

齊：我自從在沁園家讀書、作詩以後，由於沁園師及朋友們的介紹，認識的人多了。

記：加上您肯努力上進，不斷學習的原故吧。我感到奇怪的事，您進學才一年，又是二十七歲才學做詩，怎麼詩做得這麼好？

齊：我一生行事，以拙樸爲人生最高境界，我學做詩就從「熟讀唐詩三百首」開始……。

記：唐詩三百首我也熟讀過，就是不會做詩。

齊：第一：可能你讀得不夠熟，體會不夠深。第二、李白說「詩有別才」，一點兒都不假。

記：您除了寫詩，刻印、寫字、畫畫外，還會裱褙？

齊：我跟蕭薌陔師傅學過，其實裱新畫是簡單不過了，關鍵在於「托紙」，只要托得勻整平貼，掛起來就不會有「捲邊抽縮」的現象，「彎腰駝背」的毛病，至於揭裱舊畫才是一門大工夫。

記：怎麼說？

齊：首先是「揭」，要揭得不傷原件。其次要補得天衣無縫，最後要裱得清新悅目。

記：您刻印是怎麼學的？

齊：我本是木匠出身，雕花雕鳥的，本來就會點毛皮，後來沁園師的本家胡輔臣先生，介紹我到黎桂塢家去畫像。黎桂塢的弟弟薇蓀、鐵安都是刻印好手，鐵安尤其精深，所以我拜鐵安爲師。

記：您向鐵安拜師，他如何教您刻？

齊：他笑著說：「南泉的楚石，有的是！你挑一擔回家去，隨刻隨磨，你要刻滿三、四個點心盒，都成了石漿，那就刻得好了。」

記：啊！那不跟王羲之叫人寫完一缸水的道理一樣！

齊：這雖是一句玩笑話，卻也含有至理。

記：鐵杵磨成繡花針，工夫到就行，您就這樣學會金石的？

齊：他還送給我丁龍泓、黃小松兩家刻印的拓片。我不斷的刻印，刻了再磨，磨了又刻，弄得他家客廳，像個泥塘樣。

記：您除了埋頭治印，努力寫詩、作畫外，有沒有參加一些社交活動？

齊：孔子說：「君子以文會友，以友輔仁」我知道獨學無友，孤陋寡聞的道理，當然免不了互通有無了。

記：您參加了那些文藝團體？

齊：光緒二十年，我卅二歲那年在長塘黎松安（名培鑾、又名德恂）家爲他父親畫遺像。與黎家的家館老師王仲發起了個詩會，約定時間、地點，集會做詩。

記：會員有那些人？

齊：起先只有四人：我和王仲言、羅真吾（天用）、醒吾（天覺）弟兄。後來加入的有陳伏根、譚子荃、胡立三，一共是七人。

記：都是些什麼人？

齊：白泉棠花村的羅氏兄弟是沁園師的姪婿，譚子荃是真吾的內弟，胡立三是沁園的姪子……。

記：幾乎是一家人。

齊：我們起先輪流在各家集會，不定時，也沒有一定的規程，後來借了五龍山的大傑寺內幾間房子，作爲社址，就叫龍山詩社。

記：所謂「龍山七子」，就是指你們七個人。

齊：第二年在黎松安家裡也組成了個詩社，名爲「羅山詩社」。

記：您才讀過一年書，後來强記唐詩三百首，「土法煉鋼」地才勉强會做詩。這跟他們爲了弋取功名，下了功夫的試帖詩，如何比得？

齊：他們能用典故、講究聲律，這是我比不上的，但過於拘泥板滯，一點兒也沒有生氣。而我的詩卻是陶寫性情、歌詠自然的活潑句子。

行萬里路・交官宦友

齊：光緒二十三年我卅五歲，有人請我到湘潭去畫像，這是我第一次離家，足跡遍及長沙、南嶽。

記：觸角開始伸展到外地？

齊：我認識了當代文豪名士王湘綺先生。

記：他是個愛才如金的人，鐵定欣賞您的？

齊：我是個鄉巴佬，不敢高攀，怕人家說我拜入王門想抬高身價。後來卻不敢過他的盛情，終於成爲他的門下。與銅匠曾招吉、鐵匠張仲颺，加上我這個木匠，成爲他手下的「鐵三角」陣容。

記：從此您好比登龍門，畫的身價自然「漲停板」；無形中社會地位也提高不少。

齊：後來有個機會替茶陵州士紳譚氏三兄弟，篆刻他們所收藏的印記。

記：那個「譚氏三兄弟」？

齊：大的叫譚延闓，號祖安；次的叫恩闓，號組庚；小的叫澤闓，號瓶齋，他們的父親譚鍾麟先後做過閩浙和兩廣總督。

記：哇！這下您如虎添翼般騰踏起來。

齊：後來我又在湘潭城裡，給內閣中書李鎮藩（號翰屏）的家人畫像。

記：他是在近代史上有名的傲慢自大，目空一切的狂士。

齊：可是他對我卻彬彬有禮，不以我爲粗俗。

記：爲什麼？

齊：原來湘綺師的內弟蔡枚功（毓春），曾經對他介紹過我：「國有顏子而不知，深以爲恥。」

記：有人這麼抬舉，難怪他對您要另眼相看了。

齊：這同時我又認識了道台郭葆生（人漳）、桂陽名士夏壽田（午詒），尤其這午詒又影響了我四十歲以後的書畫生涯。

記：怎麼說？

齊：光緒二十八年（西元一九〇二年）夏午詒由翰林改官陝西，他從西安來信，叫我去教他的如夫人姚無雙學畫，他把束脩和旅費全寄來了。

記：這下您不得不去了！

齊：我本來不想去的，我平生無大志，只求在湘潭附近賺點潤筆費，奉養老親，撫育妻子，並不指望發什麼財，混宦途！後來郭葆生也從西安寄了封長信給我……。

記：信中說些什麼？

齊：「無論作詩作文，或作畫刻印，均須於遊歷中求精進，作畫尤應多遊歷……。」

記：說的也是！古人說：「得江山之助」就是這個意思！

齊：作畫但知臨摹前人作品、或畫册、畫譜之類，已落下乘；倘又僅憑耳聞，隨意點綴，則隔靴搔癢，更見面無一是矣！

記：所以決定還是要遠遊，可是那時候水陸交通非常不便，有時還得跋山涉水。

齊：我不但去了陝西，而且自此幾年中，跟著午詒的南北調動，而遊走各地，就因爲交通不便，走的非常慢，我便趁此機會，添上不少畫料。每逢一處奇妙景物，就畫上一幅。

記：至此，您方真正領悟到前人名畫的造意布局、山的皴法、沒骨、潑墨……無不有來處。

齊：我最得意的〈洞庭看日〉、〈灞橋風雪〉、〈綠天過客〉、〈華山圖〉、〈獨秀山圖〉都是這時期的作品。

記：大江南北，您經歷過那些地方？

齊：此時我五進五出遍遊神州。計有：一、遊西安、北京、天津、上海回湖南；二、遊南昌、過九江、上廬山……。

記：遍歷衡山、華山、嵩山，大小喬的銅雀台，滕王閣、百花洲，以及十里洋場的大上海……。

齊：第三趟遊桂林、到梧州、廣州、欽州找葆生，第四趟與郭葆生再去梧州、欽州、肇慶、高要到越南；第五趟跟羅醒吾到廣州、欽州、香港、上海、蘇州、南京而江西小姑山……。

記：以藝術交官宦，行萬里路遊神州，不啻人生一大樂事，當然您也認識了一大票的高官名士囉！

齊：那是當然的，像陝四臬台樊樊山（增祥）、張翊六（貢吾）、衡陽曾熙（農髯）、江右李瑞荃（筠庵）、楊度（晳子）；還有蔡鍔（松坡）、羅醒吾、張中正……。

記：我只聽蔣中正，怎麼跑出個張中正？

齊：他是個和尚，行動不怎麼正常，曾用二十塊銀元，託我畫過四條屏風；到了民國建立後，我才知道他就是大名鼎鼎的黃興克強先生。

記：您真是通天大師，交盡天下權貴。

齊：我還認識雲南籍寡婦繆素筠。

記：這寡婦很迷人？色藝雙全？

齊：她是慈禧太后批王公奏章的代筆人，吃的是六品俸，她要介紹我給太后當內廷供奉，混個六、七品官。

記：像前清義大利人郎世寧一樣？結果您拒絕了！

齊：我只想憑我這雙手，積蓄個二、三千兩銀子，回家過太平日子就好了。

畫蝦、畫蟹、柳絮飛、不倒翁

記：我拜讀過您的作品《白石文鈔》與《白石詩鈔》……。

齊：我沒讀過什麼書，都是一些應人之請寫的〈序〉、〈跋〉、〈書〉、〈簡〉之類，難登大雅之堂。

記：雖無雄滔偉論，卻也是誠、樸、拙、實之作：「詩乃心聲」，您儘寫一些蝦、蟹、蛤蟆的幹嘛！

齊：您知道我這一生除了小時爲貧所困外，遭遇多少次的災難？

記：至少有二次人禍：第一次民國七年（西元一九一八年）土匪橫行，明目張膽的搶劫綁架；第二次一九三一年「九一八」經「七七」到抗戰勝利爲日寇淪陷期……。

齊：第三次是「人民被解放後」我被「黨」打入永不翻身的「毒草」類。

記：畫畫、作詩怡養性情，風雅無比，怎麼會有「毒」！

齊：說的也是！不遇偉大的毛主席說過：「如果大家掛一張畫在家

中，每天看上一分鐘，七億五千萬人，每天就浪費了七億五千萬分鐘；拿這七億五千萬分鐘去墾荒，要增加多少生產？拿這七億五千萬分鐘去讀《毛語錄》，要改造多少資本主義的壞思想。」

記：這個只許「州官放火不許百姓點燈」的獨夫騾子，十三億人都去讀《毛語錄》，不也「浪費」了整個國家、整個民族？

齊：没錯！我的詩雖然粗俗，但至少表達了我內心的吶喊……。

記：像〈雞〉：「天下雞聲君聽否？長鳴過午快黃昏」，「佳禽最好三緘口，啼醒諸君日又西。」企圖喚醒早年暮氣沈沈的北洋官場。

齊：像〈畫蝦〉：「塘裡無魚蝦自奇，也從荷葉戲東西」；像〈寄萍堂〉：「凄風吹袂異人間，久住渾忘心膽寒，馬面牛頭都見慣，寄萍堂外鬼門關。」像〈題畫蟹〉：「處處草泥鄉，行到何方好？去歲見君多，今歲見君少！」「受降旗上日無色，賀勞樽前鼓似雷；莫道長年亦多難，太平看到眼中來！」〈侯且齋董秋崖余倜視余即留飲〉。

記：那是描寫日本人之橫行平津，侵略中國，終至敗落的下場。

齊：我還特喜畫不倒翁。「能供兒戲此翁乖，倒不須扶自起來；頭上齊眉紗帽黑，雖無肝膽有官階。」〈題不倒翁〉，「烏紗白扇儼然官，不倒原來泥半團；將汝忽然來打破，通身何處有心肝。」〈持扇不倒翁〉「秋扇搖搖兩面白，官袍楚楚通身黑；笑君不肯打倒來，自信胸中無點墨。」〈不倒翁〉。

記：很顯然地，您在諷刺那些騎牆派的政治投機客，以及上下其手的買辦客！

齊：「江滔滔，山巍巍，故鄉雖好不容歸；風斜斜，雨霏霏，漁翁又欲之何處？桃源在，人已非。」〈漁翁〉。

「羣鼠！羣鼠！何多如許？何鬧如許？既嚙我果，又剝我黍。燭灺燈殘天欲曙，嚴冬已換五更鼓。」〈題鼠羣圖〉。

「大好河山破碎時，鸕鷀一飽別無知；漁人不識興亡事，醉把扁舟繫柳枝。」〈鸕鷀舟〉。

「忙飛亂舞春風殘，只博兒童一捉歡；何似棉花花落後，年年天下不知寒！」〈柳絮〉。

「何用高官爲世豪，雕蟲垂老不辭勞！夜長鐫印忘遲睡，晨起臨池當早朝；嚙到齒搖非祿俸，力能自食匪民膏，眼昏未瞎手猶在，自笑長安作老饕。」〈自嘲〉。

記：您在諷人之餘，亦不免自嘲一番。

齊：「老來農器交兒管，秋後田租供口難；安得山泉爲變酒，四鄰歡醉倒杯寬。」〈秋日山行與兒輩語農事〉。

「閉門睡有真滋味，孤辟衰年更妙哉；涼氣入窗知雨至，清香到枕覺荷香。」〈夏日高臥〉。

「深山窮谷未相宜，生長清平老亂離；欲化雲飛著何處，崑崙嫌近祝融低。」〈看雲〉。

「一點兩點黃泥山，七株八株翠柏樹；欲尋樹杪住僧樓，滿地白雲無路去。」〈夢遊〉。

「大葉粗枝亦寫生，老年一筆費經營，人誰替我擔竿賣，高臥京師聽雨聲。」〈京師雜感〉。

記：您說過：「我的詩第一、印第二……」您的畫工，詩的意境更高。

跋 八卦歷史·另類大伯

＊韓毓梅

「歷史」啊！我對它是又愛又恨！小時候還覺得挺親切有趣，蠻喜歡的，在還沒進國小念書以前，會主動找一些歷史故事、偉人傳記來看，隨性地胡思奇想；在閱讀中彷彿身心可以跨越時空，隨著名人或吟詩賦詞，或征南討北，一起遨遊於理想世界中。可是在後來的升學過程中，被一堆莫名其妙的名詞，給搞得腦袋成漿糊，我是最不喜歡背東西的，從此對歷史只存有一個印象，那就是「背」——背到頭昏眼花，背到不知其所以然，背到對歷史的胃口都給搞壞了。在那之後，只要家中的小妹妹或什麼人拿著教科書問我關於歷史的東西，我就先舉雙手投降。

剛拿到大伯父寫的《超時空人物訪談》系列書籍，在封面沒打開之前，看到「歷史」兩字，那種腦袋變漿糊的感覺又開始了，不過翻開第一頁後，風趣幽默的筆觸，引我一口氣把它從頭讀到尾。闔起書本，閉上了

眼，那種兒時看偉人故事書的感覺，又如潮水般湧來，從腳尖、到腿、到肚，漫過胸、漫過心、漫過頭頂，整個人浸淫在一種自由自在的感覺裡，仔細地豎耳聽，好像聽到方孝孺鏗鏘不阿的斥喝聲，看到李白在池畔把酒弄月，感覺到徐志摩那股浪漫的氣息。現在許多年輕人都一股腦兒迷上《哈利波特》的魔法想像故事，但這一系列的人物訪談記卻是比魔法更奇幻，比異想更真實。

不過閱讀這書的滋味和我從前對大伯的印象是不大相合的。小時候從一百來公分高的角度，往上瞧，伯父嚴肅的長臉，魁梧的身軀，有著熊腰和虎背，彷彿一巴掌就可以把我打到天外去，所以我非常怕他，特別是一次因調皮給斥喝過後，就更怕他了，因而只要在老遠的地方聽見那震天的腳步聲，就會趕緊溜到別處去玩。長大後慢慢感覺到伯父嚴正的臉表現他剛直的正氣，緊抿的唇傳達出他憂國憂民憂天下的心，粗壯的手臂說明他著書不懈，而且腰身裡裝滿了滿滿的學識呢！

伯父今年又出書了，雖然目前只瞄到一點，感覺比以前更辛辣有趣，相信不久伯父一定又會再寫第四集、第五集……，並且會一直寫下去，希望將來我有一天也能寫書，在這世上留下一點成績。

*本文作者，現就讀於台大心理學系四年級；大伯的「心理」似乎逃不過這小妮兒的專業。

國家圖書館出版品預行編目資料

八卦歷史：超時空人物訪談／韓廷一著.
--初版. --臺北市：萬卷樓,民 91
面； 公分.

ISBN 957－739－376－4 (平裝)

1. 中國 － 傳記

782.1 90021914

八卦歷史——超時空人物訪談

著　　者：韓廷一
發 行 人：許錟輝
出 版 者：萬卷樓圖書有限公司
臺北市羅斯福路二段 41 號 6 樓之 3
電話(02)23216565・23952992
FAX(02)23944113
劃撥帳號 15624015
出版登記證：新聞局局版臺業字第 5655 號
網站網址：http://www.wanjuan.com.tw
E --- mail：wanjuan@tpts5.seed.net.tw
經銷代理：紅螞蟻圖書有限公司
臺北市內湖區舊宗路二段 121 巷 28 號 4F
電話(02)27999490
FAX(02)27995284
承印廠商：晟齊實業有限公司
定　　價：320 元
出版日期：民國 91 年 1 月初版

ISBN 957－739－376－4